L'homme, cet animal de compagnie

16, rue Claude-Tillier – 75012 Paris
www.kubik-editions.com

Une production Archipel studio

Conception graphique : Thomas Brisebarre

Édition : Laure Desforges, Soline Massot

Secrétariat d'édition : Gwenn Rambaud

ISBN : 2-35083-004-7
Dépôt légal : mai 2005

Nadège de Peganov

L'homme, cet animal de compagnie

GUIDE PRATIQUE POUR FEMMES PRATIQUES

KUBIK EDITIONS

Sommaire

Avant-propos

Mesdames, Mesdemoiselles, (Messieurs),

Que vous cherchiez, ayez déjà trouvé ou souhaitiez remplacer par un nouveau modèle votre animal de compagnie préféré – l'homme –, vous êtes face à un problème dont la complexité vous dépasse : vous avez dilapidé des fortunes en accessoires de séduction, dévoré les conseils des magazines, consulté psys, copines, voyantes et marabouts et pourtant… vous ne comprenez toujours pas cette étrange créature !

Rien d'étonnant à cela : ridiculisé depuis des années, malmené par des femmes farouchement libres et indépendantes, attaqué dans les médias, l'homme est triste, incompris et déboussolé.

Songez aux effroyables pressions schizophréniques que la mode lui fait subir : comment être à la fois fort, sensible, homme d'affaires, artiste, brut de décoffrage, raffiné, étalon, meilleure copine, cultivé, sérieux, drôle, père, amant et mari, cordon-bleu, rassurant, plein de fantaisie, séduisant et fidèle ?

Avouez-le, c'est un véritable cauchemar pour ces pauvres animaux fragiles en mal d'affection ! Alors, de grâce, avant qu'il ne soit trop tard, pour éviter leur disparition, cessez de crier haut et fort que vous pouvez très bien vivre sans eux, et adoptez-les ! L'avenir de l'humanité en dépend !

Oui mais... direz-vous, comment les familiariser avec notre présence, comprendre leur langage, les soigner ou les confier à un zoo quand ils deviennent trop encombrants ?

C'est précisément à toutes ces questions que l'éminente éthologue Charlotte Darwin s'est proposé de répondre. Originaire d'Australie, Charlotte Darwin est née dans la tribu matriarcale des « Isawhimfirst ». Initiée à la survie en milieu sauvage, elle est dépositaire d'un savoir primitif oublié de nos contemporain(e)s.

Ayant entendu parler de ses travaux de recherche, j'ai eu la chance de la rencontrer lors d'un colloque international auquel elle participait. Effarée par l'ignorance et le désarroi de ses sœurs citadines, elle a accepté de leur révéler le fruit de ses nombreuses années d'observation.

Ce guide, dans lequel je me suis efforcée de retranscrire fidèlement ses propos, constitue une arme redoutable qui vous rendra invincibles. Vous saurez enfin comment choisir votre animal de compagnie et l'adapter à vos désirs.

Pour vous simplifier la tâche, Charlotte Darwin a sélectionné dix espèces d'hommes, parmi lesquelles vous reconnaîtrez aisément vos actuels, futurs ou anciens compagnons de jeu. Bien entendu, le profil type peut se métisser et créer des hybrides multicritères.

Exemple : vous rencontrez un Mate-Show. Vous pensez avoir déniché un modèle authentique mais une fois domestiqué, vous lui découvrez des caractéristiques de Oui-Mais ou de Loo-Sir. Dans ce cas, consultez les trois chapitres consacrés à ces espèces en vous référant au sommaire.

Si ce livre est un véritable sésame pour accéder au système complexe de fonctionnement de ce précieux gibier, n'oubliez pas qu'il s'agit de bêtes capricieuses, dont la rencontre n'est jamais formellement garantie.

Introduction

Description générale

Malgré les différentes espèces que nous allons observer, l'homme a généralement l'apparence physique suivante :

Longueur moyenne : entre 1,60 m et 1,90 m (corps + tête) ;

Poids moyen : dépend de l'entretien. Dans certains cas, peut atteindre jusqu'à 150 kg ;

Surface moyenne : varie beaucoup d'un individu à l'autre. Même les spécimens courts sur pattes, malingres, à la fourrure clairsemée s'imaginent puissants et musclés.

L'homme possède des coussinets charnus lui permettant de s'asseoir confortablement et aussi longtemps qu'il le souhaite.

Bien entendu, son ascendance a une forte incidence sur son comportement et sa personnalité. C'est ce que nous étudierons dans les chapitres suivants.

Cahier des tendances

Certes, le coup de foudre existe, nous ne le nions pas. Mais avant de vous précipiter sur le premier animal de compagnie venu, songez qu'il n'échappe pas au phénomène de mode, tout comme vous, mesdames !

Certains, du type roquet agressif ou vieux baba sont définitivement *has been*, d'autres, comme le romantique ou le gentleman ne s'observent de nos jours qu'en captivité.

Pour vous aider à faire votre marché, nous n'avons retenu que les « modèles » les plus répandus, faciles à se procurer.

Classification des espèces

1. Le Mate-Show (le macho. Ancêtre : babouin)
2. Le Oui-Mais (l'intello. Ancêtre : perroquet)
3. Le Loo-Sir (le loser. Ancêtre : basset)
4. Le Poustoy-Dlaa (l'arriviste. Ancêtre : loup)
5. Le Kooh-I-Neur (l'artiste. Ancêtre : chat)
6. Le Phön (le fun, homo ou bi. Ancêtre : autruche)
7. Le Moâ-Jeuh (le perfide. Ancêtre : renard)
8. L'Exotic (l'exotique. Ancêtre : oiseau migrateur)
9. Le Bonboughr (le bon bougre. Ancêtre : nounours)
10. Le Topi-Sim (le prince charmant. Ancêtre : crapaud)

Structure des chapitres

A. Comment le reconnaître ?
B. Comment l'approcher ?
C. Comment le domestiquer ?
D. Comportement et vie sociale
E. Alimentation
F. Reproduction
G. Conseils d'entretien
H. Comment s'en débarrasser ?
I. L'espèce en dix points

Le Mate-Show

Le Macho - Ancêtre : babouin

Tendance : indémodable
Potentiel affectif : fort, au moment de l'adoption
Humour : très variable
Fidélité : non répertoriée dans cette espèce
Mise en garde : mord quand on le contredit

Modèle très répandu, toujours disponible

Comment le reconnaître ?

Le pelage du Mate-Show varie selon le climat et le patrimoine génétique. Le chauve est très fréquent dans cette catégorie. Ce défaut est parfois compensé par une abondante pilosité sur les pectoraux, voire sur la face postérieure de l'animal, appelée *moquetta dorsum* par les spécialistes.

Le Mate-Show est le plus terrestre des primates. Comme son ancêtre le babouin, il se déplace les pieds à plat sur le sol, le torse bombé, la queue en avant, et lance des regards dominateurs autour de lui. Quand il repère une femelle, il se frappe la poitrine en grognant.

Mais attention : grâce à ses jambes d'une grande puissance, il est capable de bonds prodigieux et atterrit parfois en position horizontale dans le lit de votre meilleure copine.

Son aspect vestimentaire est très étudié, malgré les apparences. Peu soucieux de déchirer, tacher ou froisser sa tenue (une femme la lavera), il n'a qu'une idée en tête : provoquer dès son apparition sur un territoire de chasse des cris d'admiration pour ses formes viriles et prometteuses.

Peu après le lever du soleil, vous pouvez l'observer dans son milieu naturel : le point d'eau, appelé aussi « bistrot ». Le Mate-Show s'y retrouve souvent en bande multimâles. Chacun raconte ses exploits de la veille : lancer de noix de coco, athlétisme sur branches, haute voltige…

Comment l'approcher ?

Tout d'abord, il faut savoir que la vue est le sens le plus développé chez le singe. Videz votre garde-robe et rachetez tous vos T-shirts en taille 6 ans, 8 ans maximum. Puis, posez innocemment vos seins sur la table. Dans votre candeur, vous ne remarquez pas que votre pull se déchire quand vous souriez. Cette ruse a un effet incendiaire immédiat.

Puis, rassurez-le : vous n'avez lu qu'un livre, le code de la route et encore, en diagonale. Vous découvrez le monde, tout ce qu'il vous raconte vous émerveille : extasiez-vous, pouffez, levez les sourcils comme si vous étiez au guignol. Faites-en des tonnes, plus c'est gros, plus ça marche – c'est du reste sa propre théorie.

Mais tout ceci n'est que travail d'approche. S'emparer de la bête requiert ruse et doigté. Le Mate-Show ne doit pas s'apercevoir qu'il est chassé. Car le gibier, c'est vous, mesdames. Soyez capricieuses, insaisissables, mystérieuses. Le Mate-Show adore ça. S'il lui suffit de vous cueillir, il se désintéressera de vous et attrapera la première bimbo qui passera.

Bien sûr, tout dépend de l'usage que vous prévoyez d'en faire : si c'est juste un caprice, vous l'embarquez ou vous vous laissez embarquer. La capture est terminée, mais gare aux lendemains qui déchantent ! Si vous avez vraiment décidé de l'adopter, mieux vaut connaître quelques règles élémentaires permettant sa domestication.

Comment le domestiquer ?

Vous avez franchi l'étape de la capture : félicitations ! Passons maintenant à la suivante, plus délicate : l'apprivoisement.

En général, le Mate-Show supporte assez bien la captivité. La raison en est simple : détestant la solitude et les tâches ménagères, il accepte volontiers une présence féminine sur son territoire, à condition qu'elle lui laisse sa liberté, ne l'importune avec aucun détail du quotidien et lui consacre toute son attention, un peu comme sa mère, qui s'occupe toujours autant de lui (vous vous en rendrez vite compte).

Vous pensez avoir mis la main sur un Homme, « un vrai ». Mais si vous voulez garder le Mate-Show, ne lui demandez rien, absolument rien. Outre les cours de massage, il vous faudra assumer : le bricolage (à vous de changer les fusibles, de déboucher les canalisations), sa défense (contre les insectes, souris et courants d'air), son entretien physique et le baromètre de son ego.

Prévoyez quelques aménagements (très économiques) pour entretenir sa forme en appartement. Comme il ne peut plus sauter d'arbre en arbre comme le faisaient ses ancêtres, remplacez la liane par une barre fixe et les branches par des haltères. Il ne s'en servira jamais mais aura l'illusion d'avoir une cage aménagée spécialement pour lui, et vous en sera reconnaissant. Une paire de jumelles peut également le distraire, à condition d'habiter en face d'un immeuble animé.

L'heure de rentrée du Mate-Show est imprévisible : soyez heureuse s'il passe la nuit avec vous. Et avant de vous transformer en geisha qui lui chante des romances, assurez-vous qu'il ne préfère pas le massage *New Age*.

À l'écouter, il est le meilleur, le plus efficace, le plus malin. En présence de vos amies, le Mate-Show se montre toujours de bonne humeur, serviable, attentionné, avec un sens de l'autodérision exemplaire. Toutes vos copines seront sous son charme et s'exclameront : « Ah, quel mec ! » Mais à la maison ou sur son lieu de travail, l'animal se montre sous un jour nettement moins civilisé et sa vraie nature reprend le dessus : mégalo, grande gueule et grognant à la moindre contrariété.

Comportement et vie sociale

Le Mate-Show est un animal de compagnie facile à vivre, puisque vous n'avez pas besoin de le promener : il sort habituellement seul et rentre avec des piles de cartes de visite et de numéros de téléphone de femelles qu'il n'appellera pas, mais qui lui permettent d'évacuer son angoisse de la domestication.

Il est vivement conseillé aux femmes qui souhaitent adopter un Mate-Show d'avoir une vie intérieure très dense, d'aimer les feuilletons américains ou d'étudier le japonais, et d'avoir des copines à qui téléphoner le soir.

Il peut arriver que vous soyez invités ensemble à un cocktail, un vernissage, une réception, bref dans un endroit réunissant beaucoup de monde, et donc de gibier féminin. Quand, après une lutte sauvage, vous atteignez enfin le buffet, vous constatez que votre Mate-Show a déjà disparu dans la foule et gambade gaiement d'une fille à l'autre. Si vous le rejoignez pour veiller au grain, vous reconnaîtrez une rivale à sa mâchoire pendante et son regard noir. Votre compagnon, quant à lui, vous expliquera qu'il « prend des contacts pour ses affaires ». Évitez de lui demander pourquoi il ne s'adresse qu'à des modèles formatés 95-60-95 et jamais aux représentants mâles de l'assemblée, il ne supporte pas ce genre de réflexion.

Ne vous risquez pas à sortir sans le prévenir : s'il trouve la maison déserte en rentrant, il est capable de tout casser. Ce comportement archaïque explique le *turn-over* impressionnant constaté sur le marché du Mate-Show. Un marché essentiellement constitué de « secondes mains », souvent largement pourvues en progéniture et pensions alimentaires.

Le Mate-Show est facile à transporter, mais ne vous avisez pas de prendre le volant : la route est un espace qui lui appartient, où il peut exprimer toute sa virilité et sa supériorité sur les autres mâles.

Si vous devez vous absenter, confiez-le de préférence à votre belle-mère et évitez surtout de demander ce service à vos copines.

Alimentation

Essentiellement carnivore, le Mate-Show aime la chair fraîche. Mais si une plante est vraiment belle, il peut en consommer certaines variétés.

Il se déplace peu en mangeant, se contentant de bougonner quand il manque quelque chose : sel, poivre, bière, dessert, télécommande... que vous lui apporterez avec grâce et amour pour ne pas perturber sa digestion fragile. Vous n'aborderez aucun sujet polémique, éviterez de parler d'autres hommes, de politique ou de régimes alimentaires (il va s'y mettre demain).

Vous disposez néanmoins d'un espace de liberté : la cuisine. Il n'y met jamais les pieds (sa mère et sa grand-mère le lui interdisaient).

Reproduction

Le Mate-Show est toujours en état de reproduction potentielle. Il existe trois variétés répertoriées : célibataire, marié, divorcé. Toutefois, cet animal est toujours célibataire.

Malgré l'apparente solidité de son extérieur, son intérieur est fragile : il a un besoin insatiable d'être rassuré sur ses performances. Si vos vocalises sont faiblardes, le processus de reproduction peut être mis en péril. Il ne s'agit pas ici d'atteindre une perfection musicale digne de la Callas mais de témoigner fortement votre reconnaissance. Afin que le lendemain matin, quittant fièrement le champ de bataille, il puisse récolter les regards d'admiration et d'envie des voisins.

Si vous êtes l'élue du moment, n'espérez pas qu'il vous protège. Au contraire, il attend de vous d'être cajolé et défendu contre le monde hostile. Si une autre femelle s'attaque à lui, ce sera de votre faute : vous n'étiez pas assez vigilante, prévenante, aimante. Et s'il s'abaisse à l'honorer, c'est qu'il n'avait pas le choix, « parce qu'il y a un minimum ».

En choisissant ce modèle de primate, vous devrez apprendre à le partager. Mais celle qui, grâce à nos conseils avisés, remportera la compétition, saura le garder. À ses risques et périls !

Conseils d'entretien

N'oubliez pas que l'épouillage est le langage universel des singes, qu'il comprendra instinctivement : il ne pourra plus se passer de celle qui saura pratiquer cet art avec doigté.

Petite mise en garde : avoir un Mate-Show à la maison représente un important investissement financier.

Alimentaire, tout d'abord : il ne participe jamais à ce poste du budget, conscient de devoir évoluer et soucieux de confier quelques responsabilités à sa compagne.

Mais le point critique concerne les jouets – froufrous, dentelles et cotillons – nécessaires à sa vitalité. L'animal étant toujours curieux de découvrir de nouvelles partenaires de jeux, son désir doit être maintenu en éveil. Et ce n'est pas une mince affaire. Très joueur au moment de l'adoption, il se lasse vite et dépérit quand il ne chasse pas. Ce défaut peut être compensé par une compagne à l'imagination débordante, mais cet effort permanent en a épuisé plus d'une.

Comment s'en débarrasser ?

Certes, ce modèle de primate présente certains avantages (surtout au début), mais il arrive souvent que les femmes se lassent de l'abnégation qu'il exige, ou qu'il morde sa partenaire pour imposer son point de vue. Dans ce cas, plusieurs solutions s'offrent à vous : avant de l'abandonner sur un parking d'autoroute, vous pouvez bien sûr le confier à la SPA ou, s'il s'agit d'un beau spécimen, à un zoo.

Passer une petite annonce est plus hasardeux. Quelle imbécile voudrait adopter un animal dont on veut se débarrasser ? On flairera la mauvaise affaire.

L'offrir à une copine est un véritable cadeau empoisonné et peut permettre d'assouvir une vengeance.

Enfin, le tromper est une technique vieille comme mes robes qui marche à tous les coups. Il a beau revendiquer la polygamie comme la pratique la plus naturelle du monde, la polyandrie n'est pas encore intégrée à son système et son orgueil n'y résiste pas.

Le Mate-Show en dix points

1. Il est séparé de sa femme (qui vit chez lui).
2. Il n'a aucune copine, que des ex.
3. Son emploi du temps est un mystère opaque.
4. Taisez-vous, il sait exactement ce qu'il faut faire.
5. Ses ex-femmes sont cruelles (avec son porte-monnaie).
6. Il refuse de vous présenter sa nouvelle stagiaire.
7. On n'entend que lui dans un dîner.
8. Tous les autres mecs sont « pédés », sauf ses potes.
9. Les femmes ont vraiment des rapports compliqués entre elles !
10. Son leitmotiv : « T'en trouveras pas deux comme moi ! »

Le Oui-Mais

L'intello - Ancêtre : perroquet

Tendance : très à la mode ces dernières années
Potentiel affectif : renforcé si on parle de lui
Humour : très changeant d'un individu à l'autre
Fidélité : réputé monogame, beaucoup d'exceptions
Mise en garde :
peut provoquer de violentes migraines

Modèle difficile à attraper, sort rarement de chez lui

Comment le reconnaître ?

La morphologie du Oui-Mais est généralement standard, mais il a souvent la grosse tête, avec des yeux inquisiteurs et un grand bec toujours en mouvement : vous le reconnaîtrez aisément à sa façon de marmonner tout seul, le front plissé, possédé par l'extraordinaire tumulte de sa pensée. Vous serez sans doute fascinée par son langage, pourtant proche du nôtre, mais si alambiqué que vous ne comprendrez rien à ce qu'il dit.

Son ancêtre, le perroquet, était réputé pour son plumage vif et coloré. Cette caractéristique s'est hélas perdue au fil des générations et son lointain rejeton se caractérise plutôt par un vêtement terne et informe…

… Ainsi que par une certaine raideur de mouvement, car il est constamment cramponné à son bureau (une lointaine réminiscence du perchoir d'où il pouvait pérorer à sa guise) et ne pratique aucun sport, sauf le duo vocal en chambre.

Comment l'approcher ?

Le Oui-Mais est un animal très craintif et peut, confronté à une entreprise de séduction féminine, pousser des cris terribles (tout ce que vous dites est idiot, vous regardez trop la télé).

Lors de vos premiers rendez-vous, asseyez-vous face à lui et taisez-vous, afin qu'il soit en position familière de conférencier. Cette espèce détestant par-dessus tout les créatures bavardes, chuchotez des phrases simples à son oreille, en répétant souvent son nom.

Au bout de quelques jours, le Oui-Mais va s'habituer à votre présence. Mis en confiance, il va déployer tout son charme. Autrement dit, il va commencer à s'écouter avec émerveillement. Cet animal à la mémoire prodigieuse ne se contente pas d'imiter les sons, il est capable de répéter des phrases, des citations, parfois même des livres entiers. Nul besoin de compulser fiévreusement votre Lagarde et Michard, il se fiche complètement de ce que vous avez lu. Tout ce qu'il souhaite, c'est exprimer sa pensée, dense et hermétique.

Vous découvrirez que le Oui-Mais a un langage propre à son espèce, que seuls ses congénères peuvent comprendre. Par ailleurs, il ignore le dialogue comme mode relationnel et pratique exclusivement le monologue.

Puisqu'il vous parle autant, vous pensez qu'il a reconnu en vous un interlocuteur à son niveau et tentez de lui donner la réplique : grave erreur ! C'est la dernière chose qu'il attend d'une femme car il faut surtout éviter de lui faire concurrence sur son terrain.

Contentez-vous du rôle d'auditeur captif et réprimez vos bâillements.

Comment le domestiquer ?

Pour installer un Oui-Mais chez vous, il faut disposer d'une pièce vacante qu'il aménagera à sa guise. Il pourra s'y réfugier parmi ses livres et ses papiers, pour laisser libre cours à sa créativité débordante.

Une fois qu'il l'aura investie, vous ne pourrez plus y pénétrer. Plus qu'un jardin secret, ce lieu se transformera en terrain miné où votre présence ne sera plus souhaitée. N'étant pas soumis à des contraintes horaires et souvent sujet à des crises de doute aigu, il y passera ses journées, voire ses nuits et n'en sortira que rarement, juste pour s'assurer que vous êtes toujours là.

Ne comptez pas sur lui pour s'occuper de l'intendance, il est incapable de fixer sa pensée plus de vingt secondes sur de vulgaires questions matérielles. Mais pour que son esprit déploie toute sa puissance, il a un besoin vital de cet environnement apaisant que vous saurez créer.

Dans les rares moments que vous partagerez avec lui, vous serez surtout sollicitée pour lui remonter le moral quand, après une phase de surexcitation, il retombera dans une déprime chronique précédant chaque article, conférence ou livre qu'il devra écrire.

Pour prouver votre attachement, vous déploierez tous vos talents de dactylo en retapant amoureusement la centaine de pages déchirées dans un accès de colère. Peut-être aurez-vous brièvement l'illusion de contribuer à la genèse d'un chef-d'œuvre. Pour supporter ces interminables soirées (chaque phrase sera remise en question vingt fois), vous vous identifierez à ces femmes d'auteurs dévouées, qui ont passé leur vie à taper et retaper des textes obscurs, dans une abnégation follement romantique. Mais ce subterfuge ne dure hélas qu'un temps et vous aurez sans doute l'amer sentiment d'avoir adopté ce compagnon un peu vite.

Comportement et vie sociale

Animal inquiet et méfiant, le Oui-Mais a néanmoins un côté joueur qui le rend attendrissant. Quand il se sent bien, il peut être charmant : on observe généralement qu'il grince du bec s'il est détendu (en d'autres termes, il raconte des blagues qui ne font rire que lui).

À ses côtés, vous découvrirez des auteurs eskimos que le monde entier ignore et apprendrez à ne plus tenir pour acquis ce que les médias ressassent. Vous développerez un sens critique remarquable. Si remarquable que vous deviendrez aussi infréquentable que lui.

Certes, le Oui-Mais tolère votre présence et celle de certains confrères triés sur le volet, mais toute conversation futile qui lui donne le sentiment de brader sa matière grise le rend vite agressif. Songez-y avant de lancer des invitations inconsidérées. Car il réagit de deux manières : soit il hurle comme dans la forêt vierge en donnant de violents coups de bec aux autres convives, soit il se désintéresse totalement de l'agitation environnante et sombre dans une indifférence proche du coma, où plus rien ne l'atteint. Dans un cas comme dans l'autre, emmenez-le de force dans son bureau et excusez-vous auprès de vos invités.

La vie sociale du Oui-Mais est donc assez restreinte. Et sur ce point-là, inutile de vouloir l'éduquer ! Se considérant comme un des derniers bastions de résistance, contraint de subir une société abjecte, il s'est attribué le rôle honorable d'éveilleur de consciences. Concrètement, cela signifie qu'il cherche toujours la petite bête et ne s'amuse plus de rien. Chaque occasion d'être rabat-joie est revendiquée comme un acte d'engagement. Si l'austérité est votre idéal de vie, vous avez fait le bon choix.

Dans le cas contraire, suggérez-lui de consulter un vétérinaire, pour comprendre ce qui cloche. Si votre Oui-Mais vous avoue alors quinze ans de psychanalyse, à raison de quatre séances hebdomadaires, laissez tomber, c'est sans espoir !

Pour éviter de vous brouiller avec amis, collègues et parenté, vous le laisserez de plus en plus souvent à la maison et affronterez ce monde hostile toute seule. Résultat : vous vous empresserez de choisir un animal de compagnie plus réjouissant.

Alimentation

Souvent indifférents à la bonne cuisine, qu'ils considèrent comme une perte de temps, certains Oui-Mais peuvent cependant faire preuve de curiosité pour la dégustation. Les cuisiniers étant rares dans cette catégorie, vous avez le choix entre deux options :

1) Il ne prête pas la moindre attention à ce qu'il ingurgite. Auquel cas, si vous êtes débordée par votre travail (Qui fait bouillir la marmite, à votre avis ?), cela

présente l'avantage certain de pouvoir lui servir absolument n'importe quoi. D'autant plus qu'il exècre les repas à heures conventionnelles et les prendra seul.

2) C'est un gourmet. De deux choses l'une : soit vous êtes un fin cordon-bleu et tout va bien, soit vous êtes nulle en cuisine. Dans ce cas, prévoyez un solide budget en traiteurs et restaurants.

Le restaurant, parlons-en. Lors de sorties en groupe, si vous avez l'intention d'échanger quelques propos insignifiants et distrayants avec vos amis, évitez de l'emmener. Son penchant naturel à faire des discours vous expose à de longs soliloques sur les cépages et les particularités du vin que vous aurez choisi ou sur l'histoire et la situation géopolitique du pays dont vous n'aurez plus aucun plaisir à déguster les spécialités.

Reproduction

La saison des amours du Oui-Mais commence le 1er janvier de chaque année et se termine le 31 décembre. Mais elle n'est pas constante. Tout dépend de son humeur et de l'avancement de son travail.

Nous avons vu que le Oui-Mais était gravement cyclothymique. S'il subit une baisse de régime, soyez sûre qu'une panne d'inspiration en est la cause directe. Or, la gestation d'un ouvrage de quatre cents pages sur la symbolique du cornichon chez les peintres préraphaélites peut parfois prendre des années.

Vous vous trouverez alors face à un être complètement démuni, qui fondra en larmes dans vos bras en s'excusant de son indisponibilité passagère. Rassurez-le (et prévoyez un amant plus basique).

Mais il suffit qu'une ébauche d'œuvre surgisse dans son esprit pour que votre Oui-Mais, à nouveau débordant de vitalité, gonfle ses plumes et se lance dans une superbe parade amoureuse, perfectionnée par des années de réflexion (et surtout de pratique) sur le sujet.

Eh oui, mesdames, sachez que le Oui-Mais, dès ses premières déclinaisons latines, n'a eu de cesse de vérifier le célèbre adage « *mens sana in corpore sano* ». Sous son apparence de perroquet de bibliothèque se cache un séducteur invétéré, très torturé par les mystères de la nature. Vous le constaterez rapidement si vous croisez d'anciennes propriétaires, qui se feront un plaisir de vous faire comprendre qu'elles le connaissent par cœur et sont toujours disposées à lui offrir un abri (permanent ou épisodique) pour le préserver de l'affreuse réalité !

Conseils d'entretien

Par conséquent, restez vigilante ! Si cet animal de compagnie vous a d'abord paru rigolo et inoffensif, vous savez maintenant qu'il n'en est rien. Impossible à vivre, certes, mais très prisé par la gent féminine.

Très fier de son plumage, il s'attachera à une femelle sachant l'ébouriffer avec amour. Nous parlons ici bien sûr au propre comme au figuré. Vous devez être à vous seule un authentique fan-club, capable de vous pâmer à chacune de ses citations, formulations ou ébauches de pensée.

Adaptez-vous à ses fantaisies. S'il se passionne pour le roman courtois, vous serez une autre femme que lorsqu'il prépare une conférence sur les raisons du désinvestissement politique en Occident.

Apprenez à être aussi discrète qu'une souris quand il travaille. Marchez sur la pointe des pieds, chuchotez, débranchez le téléphone, ne recevez plus personne et consacrez-vous entièrement à son épanouissement.

Comment s'en débarrasser ?

Il est toujours pénible d'abandonner un animal de compagnie. Surtout le Oui-Mais, qui paraît si fragile et démuni.

Les statistiques pourtant sont formelles : 99 % des femmes le font, après une période variant entre deux jours et douze ans de vie commune.

Mais rassurez-vous : à peine aurez-vous mis ses affaires sur le trottoir qu'il aura déjà disparu chez une autre acquéreuse, persuadée de tenir là l'animal de compagnie le plus valorisant !

Si cette méthode vous paraît trop brutale, une seule alternative : la fuite !

Le Oui-Mais en dix points

1. Quand vous parlez, il s'endort.
2. Depuis que vous l'avez adopté, vous n'avez plus beaucoup de copains.
3. Certains jours, il vous voit, d'autres non.
4. Il rit beaucoup à ses propres plaisanteries.
5. La bêtise le révolte, surtout celle des autres.
6. Les loisirs sont une stupide perte de temps.
7. Ses anciens copains de fac de philo sont des vendus.
8. Il pleure souvent d'émotion devant ses propres écrits.
9. Il s'est séparé de ses précédentes femmes parce qu'elles manquaient de conscience politique.
10. Son leitmotiv : « Mais si, j'ai de l'humour ! »

Le Loo-Sir

Le loser - Ancêtre : basset

TENDANCE : trop répandu pour être chic
POTENTIEL AFFECTIF :
exige une attention de tous les instants
HUMOUR : sinistre au quotidien
FIDÉLITÉ : quand il est à la maison
MISE EN GARDE : animal épuisant

Modèle actuellement en prolifération
dans les grandes villes

Comment le reconnaître ?

Non dépourvu d'élégance et de race, malgré une constitution un peu molle et encombrante, le Loo-Sir a tendance à traîner sa carcasse, accablé par le poids de ses difficultés matérielles.

La magnifique robe noir-blanc-feu ou jaune citron-feu de son ancêtre le basset a pâli au fil du temps, et cette génération arbore une apparence on ne peut plus standard, faite d'un entassement de fripes plus ou moins tendance.

Un larmoiement excessif indique une propension à l'apitoiement sur soi-même qui en fait un compagnon peu désirable. Apprenez à repérer quelques indices qui vous renseigneront sur son état psychique : oreilles pendantes, regard triste et élocution laborieuse signent un pedigree authentique de Loo-Sir.

Son aïeul s'illustrait dans le club très fermé des chiens de chasse et possédait une aptitude innée au pistage. Son représentant actuel en a conservé un trait dominant : il est toujours « sur une piste » et donc facile à reconnaître. Dans une assemblée, c'est celui qui colle aux basques de tous ceux (ou celles) qu'il repère comme des bons plans pour sortir de sa galère.

Hélas, nous verrons plus loin que son flair laisse à désirer et que ses pistes aboutissent généralement à des individus catastrophiques ou des culs-de-sac calamiteux. Dans un premier temps, pourtant, son discours grandiose truffé de mensonges peut faire illusion.

Et sa mine de chien battu produit un effet magique sur certaines représentantes de l'espèce féminine (en particulier dans la catégorie des chiennes de garde, qui le croient facile à dominer).

Comment l'approcher ?

Pas farouche pour deux sous, le Loo-Sir est un brave toutou très facile à aborder. Gourmand et sensible aux petites attentions, il vous suivra plus facilement si vous lui offrez quelques cadeaux dès vos premières rencontres.

Si vous avez l'apparence d'une maîtresse femme, vous avez toutes les chances de le séduire. Un peu bigleux, cet animal s'attache très vite (et très fort) à toute personne qui lui rappelle une forme maternelle et protectrice. Attendrie par tant de confiance, vous serez dégoulinante de bonnes intentions pour redonner du lustre à ce mâle cruellement brimé par ses propriétaires précédentes.

Dans votre souci de le révéler à lui-même et au monde, vous suivrez avec passion le récit de ses aventures extraordinaires. Pour découvrir rapidement qu'elles se sont toutes terminées en eau de boudin. Vous ferez alors appel à votre compassion la plus sincère pour expliquer cette avalanche d'injustices.

Rassuré sur votre bienveillance, le Loo-Sir vous sortira sans doute le grand jeu : il va changer votre vie, vous emmener faire le tour du monde en voilier, etc.

Si ce programme vous tente (et que vous êtes assez gourde pour y croire), sachez que l'adoption de ce modèle s'apparente au coup de foudre : le soir même, il squatte chez vous (puisqu'il n'a pas de chez lui).

Comment le domestiquer ?

L'arrivée d'un animal de compagnie constitue bien sûr un événement, mais elle ne doit pas donner lieu à une fête à laquelle sont conviées toutes vos copines. S'attachant très rapidement, il risquerait de repartir le soir même avec l'une d'elles.

Apprêtez-vous à changer votre rythme de vie. Vous vous êtes autorisé une petite folie : l'acquisition d'un Loo-Sir. Très bien. Mais, désormais bien au chaud dans sa nouvelle niche, il va rapidement considérer que tout lui est dû et ne comprendra pas pourquoi il devrait se fatiguer à faire quoi que ce soit.

Rentrant exténuée de votre boulot, vous aurez à assumer toutes les déclinaisons de la parfaite fée du logis, version Salon des arts ménagers 1950 : courses, petits plats, vaisselle, ménage, repassage... Vos maigres heures de récup' seront consacrées à l'épanouissement de son potentiel créatif et à la consolidation de son pouvoir de séduction.

Il sera, quant à lui, frais et dispos pour vous assaillir de ses angoisses, n'ayant strictement rien accompli de la journée. Hormis l'entretien et la dégustation des plants de cannabis qui envahissent votre balcon, ou quelques heures de surf sur Internet à la recherche d'un boulot (soi-disant) ou d'un vélo d'occasion.

Mais alors, direz-vous, à quoi sert cet animal de compagnie ? La réponse sera franche et directe : à rien. Parlez-en à votre psy, pour savoir quelle culpabilité il vous permet d'expier.

Si néanmoins vous vous entêtez à le garder, voici quelques trucs pour essayer de l'améliorer : utilisez toujours les mêmes mots. Il captera mieux vos désirs. Si vous dites « Bouge-toi ! » un jour et « Lâche-moi la socquette ! » le lendemain, il sera perdu. Prononcez d'abord son nom, c'est un moyen efficace d'attirer son attention.

Félicitez-le après chaque effort et offrez-lui une récompense. Et enfin, tenez compte de ses limites. Autant vous dire la vérité : la plupart des Loo-Sir sont incorrigibles.

Comportement et vie sociale

Atteint de mégalomanie délirante, le Loo-Sir a un sens très relatif de la réalité. Aucune entreprise ne lui semble impossible : il a le chic pour dénicher les projets les plus foireux et les associés les plus nuls. Refusant de compromettre son talent visionnaire dans une routine peu digne de lui, il tient au maximum trois jours dans le job que vous aurez eu toutes les peines du monde à lui obtenir.

Il a beaucoup mieux à faire : il a l'exclusivité d'un brevet de douche intégrée à la lunette des W.-C., il va fabriquer des binious bretons, monter un restaurant bio... Toutes ces activités, pour lesquelles il n'a pas le premier centime, étant censées le rendre milliardaire dans les six mois. Ou alors, il souhaite reprendre ses études et choisit une matière en plein boum : un dialecte parlé par mille individus en Afrique subsaharienne. Il veut produire un joueur de cornemuse ou éditer un poète de Transylvanie, dénichés dans le métro, avec lesquels il a « super accroché ». La preuve : ils habitent chez vous maintenant.

Bien entendu, aucune de ces brillantes perspectives ne se réalisera. Et votre Loo-Sir se contentera de jouer au Loto ou au PMU et assurera son quotidien en accumulant les dettes de tous côtés, qu'il vous demandera ensuite de rembourser.

Sans parler du défilé de bras cassés qu'il vous ramènera fièrement à la maison. Car le proverbe « Qui se ressemble, s'assemble » s'applique au Loo-Sir plus qu'à nul autre animal. Il réunira autour de lui une cour de paumés avec lesquels il sera souvent « en réunion » dans son « bureau » (votre salon).

Et quoi que vous lui demandiez de faire, d'organiser, d'acheter... soyez certaine qu'il dégottera ce qu'il y a de pire en la matière, puis vous reprochera de n'être jamais contente. De même, toute sortie planifiée par ses soins virera au cauchemar.

À condition d'avoir les nerfs solides, cette insouciance peut vous distraire un certain temps. Mais à la longue, vous ne supporterez plus le décalage entre ses divagations et la réalité.

Alimentation

Dès l'arrivée du Loo-Sir sur votre territoire, vous risquez d'être transformée en cuisinière en chef et « nounou » de sa petite communauté.

Animal fureteur à l'appétit solide, il engloutit tout aliment qui se trouve à sa portée et vide votre frigo avec une régularité étonnante. Si vous l'envoyez faire les courses, il ne rapportera que du chocolat et des canettes de bière, qu'il consommera aussitôt.

Des statistiques récentes ont montré que le Loo-Sir à tendance neurasthénique (90 % de l'espèce) se console en développant un penchant boulimique. Si vous manquez de vigilance, sa silhouette ne fera que s'alourdir et vous serez vite encombrée d'un gros patapouf repoussant et insortable.

Pour que ce compagnon désolant remplisse au moins sa fonction d'amant, mieux vaut surveiller sa ligne !

Reproduction

En lisant ce qui précède, celles qui ne sont jamais tombées sur un Loo-Sir doivent se demander comment on peut choisir un animal pareil. La réponse tient en un mot : le charme. C'est son unique atout ! Et il sait en faire usage ! On constate que le Loo-Sir est adopté par une grande variété de femmes :

- les naïves, qui imaginent le transformer en prince charmant grâce à leur dévouement ;

- les saintes-bernardes, qui ont le goût du sacrifice et se complaisent dans le rôle de la victime ;
- les dominatrices, pour qui il représente une proie de choix ;
- les myopes.

Une fois ensorcelée et aveuglée par l'amour, sa partenaire lui prête toutes les qualités et croit tenir le « coup du siècle » (ce phénomène est hélas valable pour l'ensemble des olibrius que nous étudierons). Pour peu qu'il fasse preuve d'une certaine science sous la couette, il est assuré d'être nourri-logé-blanchi aussi longtemps que durera l'envoûtement...

Conseils d'entretien

Promenez-le une fois par jour pour qu'il reste svelte et de bonne humeur. Au début, il aura tendance à vous suivre partout : c'est normal et ça peut même vous flatter d'être aimée avec autant d'ardeur.

Si vous êtes invitée dans une soirée où vous espérez vous faire de nouveaux amis, évitez de l'emmener. Ce bon gros cabot est très possessif et croit son petit confort en péril à chacune de vos rencontres. Un inconnu vous adresse la parole ? Le Loo-Sir montrera les crocs et le poursuivra de ses aboiements furieux jusqu'à ce qu'il débarrasse le plancher.

Idem si vous croisez une personne influente pour votre carrière. Craignant qu'une promotion ne vous détourne de lui, il s'emploiera, par un comportement incohérent, voire hostile, à faire de cette entrevue un moment d'horreur inoubliable.

Les acquéreuses de Loo-Sir témoignent souvent d'une sensation d'étouffement. Et c'est là que prend fin le CDD du Loo-Sir. Brusquement réveillée, la propriétaire n'a qu'une idée en tête : s'en dépêtrer au plus vite !

Comment s'en débarrasser ?

Il faut vous armer de courage et d'une détermination sans faille. L'expulsion d'un Loo-Sir prend parfois des années. Où ira-t-il si vous le chassez ? Ses affaires sont sur le point d'aboutir ! Vous êtes cruelle, sans cœur ! Oui, il a des défauts, vous avez raison sur toute la ligne ! Il va faire des efforts, c'est promis !

Au cent quarante-troisième refrain de la même chanson, quand vous aurez l'impression de virer à la mégère, vous lui reprendrez les clés et le jetterez dehors. Mais ses hurlements sur votre paillasson auront raison de toutes vos résolutions (et de vos relations de bon voisinage). C'est vous qui finirez par aller à l'hôtel, en attendant que sa situation s'arrange…

Ou alors, louez votre salon à un(e) étudiant(e) et demandez à un copain (vraiment très sympa) de s'installer un certain temps chez vous pour occuper tout l'espace disponible. À la longue, se sentant un peu à l'étroit, il finira par comprendre. Afin d'éviter une telle dépense d'énergie, soyez inflexible dès le début de votre relation et évitez d'installer un Loo-Sir chez vous ! Dès que vous êtes sûre qu'il s'agit d'un modèle authentique, prétextez n'importe quoi pour partir en courant.

Le Loo-Sir en dix points

1. Quand vous le rencontrez, il est « entre deux jobs ».
2. Il oublie systématiquement son portefeuille, mais vous remboursera.
3. Le mois prochain, il commence un nouveau travail (ce n'est pas encore sûr à 100 %).
4. Il se fait pigeonner en toutes circonstances : à croire qu'il le fait exprès.
5. Il monte une usine de maillots de bain en Alaska, un élevage de kangourous en Ardèche, une centrale nucléaire au Mexique.
6. Ça fait six mois qu'il doit passer un coup de fil important, mais il est débordé (cf. point précédent).
7. Le matérialisme des femmes l'écœure : depuis quand les cadeaux sont-ils une preuve d'amour ?
8. Pourquoi avez-vous besoin de vacances ? Il n'en prend jamais et ne se plaint pas !
9. Votre cruauté l'empêche de s'épanouir.
10. Son leitmotiv : « Tu vas voir : demain, tout va changer ! »

Le Poustoy-Dlaa

L'arriviste - Ancêtre : loup

Tendance : on se l'arrache quand il a réussi
Potentiel affectif : jamais désintéressé
Humour : pour faire sa « promo »
Fidélité : jamais désintéressée
Mise en garde :
toujours à l'affût d'une proie qui peut servir ses intérêts

Modèle de luxe, non disponible en grandes surfaces

Comment le reconnaître ?

Cet animal sauvage et carnassier ne diffère d'un gros chien que par son museau pointu, ses oreilles toujours dressées et ses crocs terribles, qui réduisent la moquette en confettis.

« Les loups ne se mangent pas entre eux », dit la sagesse populaire. Leur descendant est donc escorté d'un ou plusieurs de ses semblables et se comporte en prédateur impitoyable sur les territoires qu'il aborde.

Son œil de chasseur aguerri « scanne » en deux secondes son interlocuteur. Pour qu'il vous témoigne quelque intérêt, il faut qu'il vous identifie comme une femme aussi ambitieuse que lui, une « pigeonne » à plumer, une voie d'accès à une personne influente, ou que vous flattiez sa vanité d'une façon ou d'une autre.

Si vous ne vous reconnaissez dans aucune de ces descriptions et qu'un Poustoy-Dlaa vous fait néanmoins un brin de causette, vous serez balayée d'un coup de patte dès qu'il réalisera son erreur.

Très sensible aux signes extérieurs de réussite, il est rarement visible dans le métro, les laveries automatiques, les supermarchés, bref, tout ce qui symbolise à ses yeux le comble de la misère. Par snobisme, il lui arrive d'emprunter un vélo ou une trottinette. Qu'il chevauche à fond la caisse en monologuant dans l'oreillette de son portable. Frimeur à outrance, bloqué sur le mode accéléré, il adore faire profiter tout le monde de ses négociations avec Tokyo et Los Angeles. Il se montre en revanche plus discret quand il téléphone à son banquier monégasque…

Capable d'atteindre une vitesse folle quand il course une proie excitante, il bat tous les records s'il lui faut sauver sa peau. Observez par conséquent dans quelle direction il court pour déchiffrer ses intentions à votre égard.

Comment l'approcher ?

Comme chez son ancêtre, on répertorie plusieurs types d'individus chez le Poustoy-Dlaa : le solitaire (misanthrope affirmé), le subalterne (employé comme sentinelle ou chargé du ménage de la tanière) et enfin, le dominant : chef de la meute, il choisit le territoire où s'installe son clan, veille à sa sécurité et à son bien-être. Pour former le couple « royal » qui régnera sur sa tribu, il fait un casting parmi les louves pendues à ses basques. Ses exigences sont terribles mais si vous êtes ambitieuse, c'est sans doute celui que vous avez choisi.

D'abord, ne vous laissez pas intimider par sa moue dédaigneuse : il adopte cette attitude malgré lui, par atavisme. Habitué à semer le trouble sur son passage, il ne vous remarquera pas si vous l'approchez de façon conventionnelle (en souriant bêtement).

Pour le séduire, vous devez apparaître sur son territoire comme un ouragan à paillettes, une déesse sexy et féminine à hurler. Vous maîtrisez mal ce registre ? Louez un pack de films hollywoodiens et entraînez-vous à imiter chaque geste, moue, jeu de prunelle... des grandes séductrices.

Follement ingénue, soyez à même de varier les registres : précieuse, puis soudain grossière (la surprise fait toujours son effet !), charmante mais fuyante, drôle mais difficile à dérider. Bref, vous devez représenter le plus grand challenge de sa vie !

Quand vous sentez qu'il mord à l'hameçon, enclenchez le programme « mission impossible ». La langue pendante, il franchira bravement toutes les épreuves. Il aura en outre la certitude d'être le premier à vous conquérir. Qui d'autre aurait le courage de ramer autant ?

Arrivée à ce stade, vous pouvez vous déclarer future propriétaire d'un Poustoy-Dlaa, que vous promènerez d'ici peu à votre bras.

Comment le domestiquer ?

Un Poustoy-Dlaa a une bien trop haute idée de lui-même pour accepter d'être installé chez vous. Nous avons affaire ici à un cas qui demande une préparation psychologique de grande envergure.

Continuez à jouer le mirage ensorcelant à chacune de vos rencontres, mais prétendez chérir plus que tout votre liberté et votre indépendance. Aucun homme n'a jamais pu vous dompter, qu'il n'espère pas y parvenir !

Renvoyez systématiquement ses fleurs (dont le volume augmentera en fonction de votre résistance et qui deviendront bientôt des arbres), répondez rarement au téléphone, soyez indisponible car très sollicitée. Même si vous passez vos soirées devant la télé, faites le récit de brillantes réceptions dans des endroits extraordinaires avec des gens exceptionnels. Ça le rendra fou et il n'aura de cesse de faire monter les enchères pour que vous veniez enfin vivre avec lui. Si vous acceptez cette proposition, vous perdez toute valeur à ses yeux. Non, son 400 m^2 ne vous plaît pas, vous détestez le soleil couchant, sa terrasse vous donne le vertige, vous rêvez d'autre chose…

Résumons le B.A.BA du mode d'emploi de cet animal : une guerre de tous les instants, où vous ne baissez jamais la garde et inventez chaque jour de nouveaux défis. Un art de la « douche écossaise » sans pareil où vous saurez alterner étreintes passionnelles et indifférence blasée. Vous pourrez ainsi le conserver aussi longtemps que vous voudrez. Mais abordons maintenant un autre aspect de sa domestication, non moins important et tout aussi exigeant.

Comportement et vie sociale

Obsédé par son degré de réussite et l'image qu'il projette, assoiffé d'argent, il a besoin d'une alliée féroce dans cette lutte sans merci. Une banale amoureuse qui rêve de soirées romantiques n'a aucune chance ! Pourquoi s'encombrerait-il d'un tel boulet ?

Il doit impérativement intégrer les cercles les plus sélects. Pas question d'aller s'agiter dans une vulgaire salle de gym, accessible à tous ! La piscine d'un palace, sinon rien. Être membre honoraire du Club des Croqueurs de Caramel de Paris (le célèbre CCCP) lui donne des vapeurs. Posséder une carte d'invitation permanente au cinéma, recevoir les cartons des soldes privés, voir les expos le soir de l'inauguration... sont un strict minimum dont il ne saurait se passer.

Lorsqu'il atteint une certaine réussite matérielle, qu'il s'est acheté la panoplie standard de rigueur (vêtements griffés, 4x4 ou voitures de luxe, résidences secondaires), il s'avise soudain qu'un léger vernis culturel pourrait le mettre en valeur. Vous serez chargée d'écumer les salles de ventes ou les ateliers d'artistes, à la recherche de l'œuvre qui fera pâlir de jalousie ses « amis ». Vous irez là où il faut être vu, ferez en sorte d'être invités partout, ce qui parfois se résume à faire la promotion de téléphones portables dans des soirées où le niveau d'imbécillité rivalise avec celui de votre coupe de champagne (toujours pleine). Vous tourbillonnerez dans un univers pailleté et ce, tant que ce manège infernal ne vous aura pas donné la nausée. Affaire de goût...

Alimentation

Snob comme pas deux, le Poustoy-Dlaa s'adapte à la tendance. Le cassoulet revient à la mode ? Il adoooorre ! Un légume exotique fait fureur ? Il faudra le trouver sur le champ ! Les restaurants japonais sont *has been* ? Vous n'y mettrez plus les pieds. Pour ne pas commettre de gaffe (ça le rend féroce), consultez les rubriques « *in* & *out* » des magazines. Grâce à vos conseils, il aura l'illusion d'avoir une longueur d'avance et de ne pas être comme tout le monde (sa pire angoisse). Et si un chroniqueur farceur lance le pique-nique aux rillettes au bord de l'autoroute, il sera le premier partant.

En outre, ayez toujours sous la main quelques accessoires témoignant de son statut social : cigares, chocolats, bonbons... mais uniquement de chez Untel ou importés par la valise diplomatique, *of course*.

Enfin, programmez des diètes pour lui faire perdre ses kilos superflus, surtout si les pommes sautées à la graisse d'oie sont du dernier chic !

Reproduction

Pour s'assurer qu'il est le meilleur à tous les niveaux, ce grand narcissique est capable de prouesses amoureuses au moment de la rencontre, mais il revient vite à son idée fixe : sa réussite.

Il apprécie les joies de l'alcôve, pour autant que ça n'empiète pas sur son travail : jamais le jour, la veille ou le lendemain d'une réunion importante, pas quand il est fatigué, stressé, ni pendant la négociation d'un gros contrat.

Pourtant, quand il est disponible, il ne dit pas non. Disponible, c'est-à-dire quand il débranche la disquette « carrière ». Le problème, c'est qu'il y pense sans arrêt. Même en dormant, il fait des bonds dans le lit, donne des ordres, passe des commandes. Un enfer ! Le week-end est un moment plus propice, songez-vous. Erreur : soit il travaille, soit il récupère. Idem pour les vacances.

Si vous êtes portée sur la bagatelle, vous avez deux solutions : rapporter votre compagnon au magasin et demander un échange (certains Poustoy-Dlaa sont plus performants que d'autres), ou le garder et engager un secrétaire, un jardinier, un chauffeur. Cela titillera l'orgueil de votre compagnon et vous simplifiera la vie.

Conseils d'entretien

Vous connaissez son obsession : se distinguer du reste de l'humanité. Aussi ne vous adoptera-il – c'est le monde à l'envers ! – que si vous jouez parfaitement votre rôle de faire-valoir. Concrètement, cela implique les obligations suivantes :

1) ressembler à un top-model vingt-quatre heures sur vingt-quatre ;

2) être sexy trois cent soixante-cinq jours par an ;

3) recevoir ses amis, relations, collègues dans un décorum design et leur servir une cuisine d'avant-garde ;

4) l'alimenter en nouvelles relations, contacts, appuis ;

5) connaître les sujets de conversation, les lieux et les gens à la mode ;

6) avoir (s'il vous reste du temps) un job très glamour ;

7) être charmante avec ses copines, même celles que vous détestez ;

8) être charmante avec ses copains, mais pas trop...

J'arrête là, car cette liste comporte vingt-quatre mille sept cent cinquante-trois points et pourrait vous donner le vertige.

Déployez toute votre imagination pour que sa vie ressemble en permanence à celle d'un héros de film, ou paraisse sortie des pages d'un magazine (économique).

Promenez-le, mais pas n'importe où et surtout pas avec n'importe qui. Rayez de votre carnet d'adresses tous vos amis qui ne brillent pas et entretenez avec soin un réseau de *winners*.

Vous risquez un retour de bâton sévère le jour où votre histoire prendra fin. Puisque cette cour éblouissante s'évaporera avec l'image du couple que vous formiez...

Comment s'en débarrasser ?

Malgré son fort pouvoir d'attraction, le Poustoy-Dlaa est considéré par la SPA comme un animal très dangereux. Son instinct carnassier est si puissant qu'il a annihilé toute qualité de cœur en lui. N'espérez pas mettre à jour sa tendresse, sa compréhension, sa gentillesse, vous perdez votre temps.

Si le mode de vie décrit ici vous convient ou satisfait un grave besoin de revanche sociale, vous vous contenterez sans doute de ce mirage de compagnon. Et votre couple ressemblera plus à une association de malfaiteurs qu'à une fusion amoureuse...

En revanche, si vous ne remplissez pas toutes les conditions à votre maintien sur le territoire de l'intraitable Pouystoy-Dlaa, vous risquez d'être remplacée par une louve plus affamée.

Ne vous exposez pas à pareille humiliation, prenez les devants : plaquez-le ! Il pleurera (deux jours maximum) les avantages que vous lui apportiez, mais sûrement pas votre personne. Et vous oubliera instantanément. Le simple fait de se désintéresser de lui étant la preuve évidente de votre stupidité (qu'il soupçonnait depuis longtemps).

Le Poustoy-Dlaa en dix points

1. Très soucieux de son apparence, il se surveille en permanence.
2. Doué d'une faculté de simulation hors du commun, il s'adapte avec ruse à ses futurs « pigeons ».
3. Son œil de prédateur averti vous transforme en *marshmallow* aux jambes flageolantes.
4. L'air de rien, il établit votre fiche signalétique en trois minutes de conversation.
5. Si quelqu'un l'intéresse, il est capable de toutes les excentricités pour capter son attention.
6. Il est « marié » avec son travail. Aucune femme ne comprend ça !
7. Sans sa cour d'aficionados, il se sent mal.
8. Pour le garder, une femelle doit être « à la hauteur » (la sienne) en toute circonstance.
9. Passer le week-end chez votre copine Joëlle ? Celle qui a un château dans le Bordelais ? Volontiers ! Ah, l'autre Joëlle... Euh...
10. Son leitmotiv : « C'est qui, celui-là ? »

Variante : « C'est qui, celle-là ? »

Le Kooh-I-Neur

L'artiste - Ancêtre : chat

TENDANCE : très recherché
POTENTIEL AFFECTIF : son ronronnement calme les nerfs
HUMOUR : parfois drôle en phase maniaque
FIDÉLITÉ : rarement observée
MISE EN GARDE : éreintant en phase dépressive

Le modèle « artiste en devenir » court les rues

Comment le reconnaître ?

Cet animal multiforme peut s'illustrer dans d'innombrables domaines artistiques… avec des succès divers. Si vous avez la fibre culturelle (travers usuel chez les femmes, qui empire avec l'âge), vous pouvez croiser, par exemple, un peintre branché, un éternel second rôle, un sculpteur sur mie de pain, un futur Goncourt ou une star du show-biz.

Puisque les différences sont de taille, commencez par bien examiner votre futur compagnon : jeune ou vieux, célèbre ou inconnu, talentueux ou ringard ? L'artiste reconnu (jeune ou vieux, doué ou non), est généralement gardé à la kalachnikov par sa (son) propriétaire. L'inconnu plein d'espoir (jeune ou vieux) est en revanche hyperaccessible. Pour l'artiste raté, référez-vous au chapitre du Loo-Sir.

En début de carrière, le Kooh-I-Neur manifeste rarement l'assurance que confèrent la célébrité et ses gratifications diverses. Investi d'une mission grandiose mais ravagé par le doute, la mise négligée (on ne parle pas ici des dandys évaporés) et le regard allumé, il fait un effort surhumain pour suivre un dialogue standard. Son œil de lynx ne détaille pas votre tenue, il radiographie votre moi intime. Son allure de chat sauvage, à la fois tendre et effarouché, fait des ravages dans les cœurs féminins.

La particularité du Kooh-I-Neur célèbre, c'est qu'il assume pleinement son étrangeté (il est cent quarante fois plus égocentrique) et abuse quelquefois de sa gloire pour transformer en tableau de chasse indécent les souris qui frétillent autour de lui.

Comment l'approcher ?

Abreuvé de publicités dans lesquelles ses félins ancêtres sont dorlotés comme des pachas en échange de quelques miaous, le Kooh-I-Neur se montre assez paresseux quand une femelle l'aborde. Pour le réveiller, il faut maîtriser l'art de la flatterie.

Premier cas de figure : le Kooh-I-Neur reconnu. Ne lui parlez jamais de votre admiration pour d'autres artistes ! Vous connaissez Son Œuvre par cœur. Évitez l'analyse critique, assommante, et jouez à fond le registre « intuition féminine ». Ses créations vous font vibrer, chavirer, hurler de rire ! Il est en connexion directe avec la stratosphère, créateur de big-bang, bref, génial !

Second cas de figure : le Kooh-I-Neur « junior ». Vous ne savez rien de lui mais votre sixième sens, qui ne vous trompe jamais, flaire un grand talent. Vous mourez d'envie de découvrir ses films, ses toiles, ses haïkus ! Vous n'êtes pas critique d'art au *Clairon vespéral* mais une maîtresse raffinée cherchant un matou à cajoler. Gazouillez à son oreille et ne vous étonnez pas si ses réponses n'ont aucun rapport avec vos questions. C'est bon signe : il est déjà dans le sous-discours et attend avec impatience que vous vous décidiez à l'embarquer.

Comment le domestiquer ?

Le Kooh-I-Neur est un opportuniste. Comme son ancêtre le chat, il n'a aucune loyauté envers son maître. Si le « service » laisse à désirer chez vous, il n'hésitera pas à aller se faire dorloter chez la voisine. Il aime son petit nid, où il puise des forces pour ses féroces combats artistiques, mais supporte mal l'enfermement. Il fait preuve d'une indépendance farouche mais réclame des tonnes d'affection. Tendre et ronronnant, il lui arrive de griffer si vous l'étouffez.

Pas question de le barricader chez vous. Un Kooh-I-Neur peut se poster devant une fenêtre et faire claquer ses dents de frustration. Ou effectuer dans le vide des gestes de capture destinés à des volatiles imaginaires. Il ne vous reste plus alors qu'à ouvrir la porte pour le laisser vagabonder…

Amoureux de sa solitude ou vivant en tribu, prolixe ou besogneux, il n'est jamais à l'abri d'accès d'inspiration foudroyants. Brûlant de répondre à l'appel des muses, il se déconnecte aussi sec de la réalité. Quand il refait surface, il fonce prendre un « bain de foule », histoire de voir si le monde existe toujours. Vous espériez de fiévreux échanges artistiques ? Encore raté !

Le dressage du Kooh-I-Neur est quasiment impossible. L'encourager ou lui offrir des récompenses le rend câlin et caressant, mais son indépendance reprend vite le dessus. Aucune ruse n'a d'effet sur lui. Feindre l'indifférence ou lui dire non le rend irritable et craintif. Résultat : il fait le gros dos et va voir ailleurs.

Comportement et vie sociale

Si son nom étrange évoque le Koh-i-Noor – célèbre diamant de huit cents carats trouvé en Inde, ayant appartenu aux Grands Moghols et offert à la reine Victoria –, c'est parce que cet animal semble posséder des qualités extraordinaires. Les femmes qui en capturent un ont l'illusion d'avoir déniché un trésor. Tout à l'excitation de leur prise, elles ne remarquent pas la légère nuance dans l'orthographe du nom. Grave négligence ! car les miaulements du Kooh-I-Neur, d'abord discrets, prennent de l'ampleur après apprivoisement pour envahir tout l'espace sonore.

Vu de loin, et précédé de son aura, l'artiste inspire une fascination mystérieuse. On s'imagine accéder avec lui à des sphères extatiques, comprendre enfin le mécanisme surnaturel de l'inspiration.

On se calme, mesdames ! Ce type charmant – qui serre des pinces, sourit poliment, griffonne des autographes – a traversé des ouragans, affronté des tempêtes, subi l'effervescence sauvage de son esprit et terrassé des dragons à la pelle !

En l'adoptant, vous aurez l'immense privilège d'accéder aux coulisses de ses exploits. Et là, accrochez vos ceintures ! Que votre compagnon prépare un rôle, une expo, un film ou un disque, vous serez sur le pont, dans la soute, en vigie et à la barre, de jour comme de nuit.

Appelée à l'aide ou renvoyée *manu militari*, vous ne survivrez à ce maelström qu'à condition d'allier autonomie farouche et sentiment maternel exacerbé... Pour admirer la énième livraison de sa production, puis sécher ses larmes après des remises en question déchirantes.

Autrement dit, seules quelques rares femmes peuvent se permettre l'acquisition d'un Kooh-I-Neur. Il existe également des couples de Kooh-I-Neur et de Kooh-I-Neuse, qui fonctionnent en miroir, certains avec succès, mais les exemples sont rares.

Alimentation

Beaucoup de gens croient que le Kooh-I-Neur a perdu tout instinct de chasseur. Gourmand, il apprécie les bons petits plats que vous lui préparez avec amour, mais rien ne remplace pour lui le plaisir de galoper derrière une fraîche hirondelle ! C'est même son jeu favori. Fin prédateur, il entretient ce talent avec soin pour ne pas perdre la main.

Les jalouses gavent leur Kooh-I-Neur dans l'espoir de le garder prisonnier. Mais une astuce aussi grossière ne marche pas. D'abord, il s'en rend compte et dédaigne son écuelle. Ensuite, sachez que son pouvoir de séduction ne tient pas à son tour de taille, mais au magnétisme qu'il exerce : combien de ravissantes demoiselles a-t-on vues, hypnotisées, au bras d'affreux mastodontes ?

Mais la tyrannie de la maigreur atteint maintenant l'espèce masculine. Et certaines compagnes infligent à leur pensionnaire des régimes sévères, croyant ainsi le tenir par leurs secrets culinaires. Pauvres d'elles ! Ainsi apprêté, leur Kooh-I-Neur n'en fera que plus de ravages, à peine franchie la porte du domicile commun !

Reproduction

Chez l'aïeul du Kooh-I-Neur, la parade nuptiale était un moment bruyant où plusieurs mâles essayaient de s'attirer les faveurs de la femelle la plus hystérique. De nos jours (tout se perd), ce sont elles qui se crêpent le chignon pour un mâle.

Si toutefois un rival se présente, le Kooh-I-Neur a gardé une caractéristique du chat, son ancêtre : il hérisse le poil puis adopte des postures lentes et menaçantes. Une fois l'intrus dégagé, il peut vous faire son grand numéro. Oubliez toutes vos ruses, vous êtes face à un félin dont la sensibilité exacerbée envoûte ses proies. Vous allez bientôt succomber à son charme irrésistible et rejoindre la longue liste de ses conquêtes.

Nous vous devons maintenant une précision cruelle : selon les acheteuses de Kooh-I-Neur, les qualités mentionnées ci-dessus seraient mal réparties dans l'espèce et auraient un lien mystérieux avec le talent. Aussi, fuyez le violoncelliste qui joue faux à vous faire grincer des dents ou l'auteur qui vous foudroie en catalepsie à la première ligne ! Cependant, la subtilité d'une œuvre n'est pas une garantie infaillible. Eh non, il n'y a pas de recette. Ce serait trop simple !

Conseils d'entretien

Les caresses provoquent chez le Kooh-I-Neur une régression momentanée. Détendu, en confiance, il devient irrésistible... et en profite pour réclamer toujours plus de tendresse. Il a un petit point qui le fait souffrir dans le bas du dos, non, un peu plus haut, oui, là, là ! Et vous voilà transformée en masseuse dévouée et peu regardante sur l'échange de bons procédés.

Il vous reste encore à jouer les rôles de muse, de nounou, de manager, de comptable, d'attachée de presse, d'infirmière... N'avez-vous jamais aperçu, dans l'ombre d'un homme auréolé de gloire, la patronne qui tient la boutique d'une main de fer ? Accueil des clients, mise en valeur de la marchandise, négociations féroces, réceptions euphorisantes, passage à la caisse, fidélisation subtile des acheteurs, le tout dans une grande décontraction et l'air de rien : c'est un *full-time job* qui réclame une sacrée palette de qualités !

Le Kooh-I-Neur sait également bondir sur des plans élevés, rester en équilibre précaire sur d'étroites surfaces et se rétablir très vite lorsqu'il tombe. Ne vous mettez pas la rate au court-bouillon, il s'en sort toujours. Comment ? En changeant de propriétaire, tout simplement !

Comment s'en débarrasser ?

Faites la grève ! Fermez la cuisine, la chambre à coucher, l'agence de relations publiques et partez en voyage. Sans lui, évidemment. Demandez à une « bonne copine » de venir le nourrir pendant quelques jours. Elle se précipitera chez vous pour le consoler et ne tardera pas à l'installer chez elle. Et hop ! Le tour est joué ! Vous n'avez pas besoin de vous absenter longtemps, le procédé est infaillible et assez rapide.

Autre solution : votre Kooh-I-Neur s'en ira de lui-même dans une autre maison où il avait déjà ses habitudes, ce que vous découvrirez par la suite. Pas gêné pour deux sous, il aura le culot de revenir comme si de rien n'était. À vous de décider si vous souhaitez le reprendre en pension…

Attention, on signale avec ce modèle un curieux cas de figure : si, après des années de galère, le Kooh-I-Neur accède enfin à la célébrité, il effectue deux opérations inverses en simultané : il troque ses vaches maigres contre des grassouillettes, mais aussi son épouse dévouée contre une autre, plus légère. Sans le moindre état d'âme !

Le Kooh-I-Neur en dix points

1. Quand il parle de son travail, vous vérifiez s'il n'a pas fumé l'herbe du chat.
2. Sa vraie famille, c'est sa troupe de théâtre, son orchestre, l'équipe du film, etc.
3. Même présent, il est toujours en stéréo : il semble vous écouter mais pense visiblement à autre chose.
4. S'il devait choisir entre l'amour et le cinéma ? Quelle question !
5. Mais si, il vous aime, il a juste besoin d'un peu de solitude !
6. Il demande un avis, pas des critiques.
7. Par pitié, qu'on ne le dérange pas avec des questions ridicules !
8. Il ne peut tout de même pas abandonner tous ses enfants… et leurs mères avec !
9. Sa chambre d'hôtel ne répondait pas la nuit dernière ? Normal : un cyclone s'est abattu sur la région hier !
10. Son leitmotiv : « Cette bande de crétins ne peut pas comprendre. »

Le Phön

Le fun, homo ou bi - Ancêtre : autruche

Tendance : très mode
Potentiel affectif : amical
Humour : se trouve désopilant
Fidélité : ne vous concerne pas, mesdames
Mise en garde : déroutant avant son coming out

Modèle défilant souvent
en string à paillettes sur des chars fleuris

Comment le reconnaître ?

Pas évident à identifier, cet animal existe en deux versions : le « Phön de placard » et le « Phön de chez Phön ».

Le premier affiche un aspect ordinaire, parfois même assez viril. Pourtant, quelques indices sont révélateurs de ses préférences érotiques : sa passion pour l'opéra ou le ballet en tutu, sa folle émotivité ou son humour vachard. Le détail qui ne trompe pas, c'est sa façon de vous regarder. Si vous avez l'impression d'être aussi sexy qu'un lave-vaisselle, méfiez-vous.

Le second, qui s'assume pleinement, clame haut et fort sa vision fun de l'existence. Vraiment très gai, il s'amuse d'un rien, adore singer les autres et faire la fête.

Comme l'autruche, le Phön tient la tête bien droite sur son long cou et dandine de l'arrière-train. Son intérêt pour la mode est une façon de retrouver la superbe de son ancêtre, orné d'un somptueux plumage, autrefois très prisé par les danseuses de cabaret. Ses pattes puissantes et sa curiosité maladive en font un cavaleur infatigable. Certains soignent leurs pectoraux au prix de terribles efforts en salle de muscu. D'autres cultivent une allure enfantine, si chétive qu'on craint de leur adresser la parole.

Douée d'une excellente ouïe, l'autruche possède une qualité étonnante : ses tympans se ferment à l'approche d'une tempête de sable. Ce qui explique que son descendant le Phön résiste si bien aux décibels des bars, boîtes ou *rave parties* où il aime se retrouver en bande d'une dizaine, voire d'une centaine d'individus.

Comment l'approcher ?

Ne commettez pas l'erreur de la séduction grossière : votre *sex-appeal* ne figure pas sur son échelle de Richter ! Mais rien ne vous empêche d'être spirituelle ou cultivée. En cela, le Phön est assez reposant. D'autant plus qu'il n'est pas nécessaire de s'attifer en pétasse quand on a rendez-vous avec lui.

Certes, il existe des Phön fanas de divas ultra-féminines. Ceux-ci adorent s'entourer d'apparitions glamour, dont l'extrême élégance certifie leur goût exquis. Si vous répondez à ces critères, vous serez entourée d'une nuée de courtisans aussi empressés qu'inoffensifs. Mais prenez garde à ne jamais déchoir de votre piédestal : au moindre relâchement, ils vous bouderont.

Surreprésenté dans l'univers culturel, le Phön y évolue avec une grande aisance. Vous êtes invitée à un récital de poésie hollandaise, de cor des Alpes, d'incantations aborigènes : à qui infliger pareil châtiment ? Ne cherchez plus : le Phön vous escortera avec délice. D'un naturel malicieux, prompt à tout tourner en dérision, il saura vous faire pleurer de rire si l'épreuve s'avère insurmontable. Il vous remerciera même d'alimenter, par ces soirées héroïques, son répertoire fameux de moqueries cinglantes.

Comment le domestiquer ?

Le domestiquer ? Vous rêvez ! Sauf s'il vous arrive par hasard de partager un appartement en colocs, vous ne risquez pas de vivre avec lui. Dans le cas du « Phön de placard », tâchez de ne pas jouer trop longtemps le rôle peu flatteur d'alibi. Et surtout, n'espérez pas sottement le faire changer d'avis. Si vous y parvenez, sachez que le Phön revient généralement à ses amours de jeunesse.

En revanche, comme camarade, ce modèle est très recherché. Moins jaloux qu'une copine, il peut devenir votre confident, conseiller conjugal, intrigant en chef, partenaire de sorties, voyages, vacances. Irremplaçable pour analyser vos prétendants, il débusquera aisément, dans le comportement incohérent de certains, le Phön camouflé en romantique désuet ou en cinglé patenté. Il saura même vous en débarrasser, le cas échéant…

Cet acolyte présente l'avantage certain de ne pas exiger une installation à demeure. Il vous dispense de toutes les corvées inhérentes à l'entretien d'un animal de compagnie. En outre, il est très sociable et fournit mille occasions de se divertir. Mais comme rien n'est parfait en ce monde, il vous fera douter de votre pouvoir de séduction et ne possédera pas toutes les « options » d'un compagnon lambda.

Comportement et vie sociale

Les jeunes Phön sont initiés par les anciens aux règles sociales très codifiées de leur clan. Ce dévouement se constate même chez des hommes mariés et plusieurs femmes m'ont raconté avoir trouvé un nid de Phön dans leur maison de campagne, en débarquant à l'improviste avec les enfants... Pour éviter ce genre de « surprise », relisez l'introduction de ce chapitre.

Mis à part ces quelques désagréments, le Phön est un compagnon très distrayant. Afin de mériter sa réputation d'animal joyeux, il s'entraîne sans relâche à la moquerie ou au trait d'esprit : il repère chez les autres chaque détail qu'il pourra ridiculiser avec panache. Mieux vaut être du côté des rieurs et s'esclaffer à ses sous-entendus fielleux que d'être la cible de sa cruauté. Car le bougre a de la suite dans les idées. Sa pique a fait mouche ? Il s'acharnera sur le même souffre-douleur pour s'assurer les gloussements de ses alliés. Mais son humour apporte des moments de répit appréciables dans la morosité actuelle. Rien ne lui semblant plus atroce que l'ennui sous toutes ses formes, il déploie des trésors d'imagination pour égayer le quotidien.

Le Phön se tient au courant de tous les endroits de la planète où on peut rigoler, faire les fous ou céder à la vanité de la mode : chiffons « tendance », adresses de derrière les fagots pour assister à des générales, rencontrer des gurus ou des stars.

Quand ses activités le retiennent en ville, le Phön pratique sans le savoir une activité collective qu'il tient de son noble ancêtre à plumes : le bain de poussière.

On le retrouve ainsi arpentant fiévreusement le plancher de nombreux lieux bondés et enfumés, ou rôtissant et luisant sur les bords de la Seine en été.

Alimentation

L'autruche est réputée capable de digérer n'importe quel aliment ou objet. Le Phön contemporain, lui, porte une grande attention à son alimentation. Pour rester svelte, séduisant et jeune aussi longtemps que possible, il est capable de s'astreindre à des diètes draconiennes, mais il l'avoue rarement. Exactement comme les mannequins filiformes qui « mangent surtout des spaghettis avec du beurre de cacahuète et n'ont jamais fait un régime de leur vie ». Cet entretien est indispensable pour compenser les excès de sa vie sociale et de son snobisme. Car il adore sortir dans les endroits à la mode, où il fait verdir de jalousie ses congénères grassouillets en s'empiffrant comme un gamin.

Répertoriés dans toute l'espèce animale, le dépensier et le radin présentent chez le Phön des caractéristiques extrêmes :

- Le Phön flambeur, authentique panier percé, passe son temps à organiser des fiestas pour ses amis. Adepte du « ici et maintenant », il ne prend jamais en considération les ridicules conséquences matérielles de ses folies et aime s'entourer d'une cour de gens *fun*, avec lesquels tous les excès sont permis. Un de ses plus grands plaisirs consiste à se travestir en personnages grotesques et délirants.

- Le Phön grippe-sou, affligé d'une pingrerie obscène, adore être invité. En échange d'un solide repas, agrémenté de convives brillants qu'il pourra se vanter d'avoir divertis – une milliardaire, un artiste célèbre ou un homme politique feront l'affaire –, il assurera l'animation de votre soirée, surtout s'il y voit un intérêt pour ses affaires. S'il vous arrive de le recevoir, servez-lui les mets les plus exquis, sans tenir compte des calories néfastes pour sa ligne. Il sera ravi et se régalera. Il assume seul la partie régime et consomme en secret du fromage blanc 0 % et des litres de thé vert.

Reproduction

Le Phön s'expose volontiers dans les tenues les plus folles, mais se montre plutôt réservé en ce qui concerne ses ébats, en particulier auprès de l'espèce féminine. Et pour cause : elle est rarement concernée.

Vous pouvez, mesdames, aller en ethnologue observer ses parades amoureuses, mais je doute que ce sujet vous passionne. Je soupçonne même qu'il vous déprime, songeant à tous ces beaux spécimens perdus pour votre reproduction, que vous n'attraperez jamais !

Les Phöns qui éprouvent l'envie d'élever des enfants proposent parfois un « arrangement » à leurs consœurs. C'est ici qu'intervient un parallèle étonnant avec le passé de cet animal : quand les conditions favorables à une reprise d'activité amoureuse sont réunies (Frigidaire plein, prédateurs endormis, humeur printanière), les autruches femelles abandonnent leurs petits sans états d'âme. Les autruchons sont alors recueillis par des mâles célibataires, qui se transforment en papas gâteau.

Ou alors, le Phön se marie et remplit bravement son devoir conjugal, le temps de s'assurer une descendance. Le schéma traditionnel relevé chez les autruches (un mâle dominant, une femelle dominante, plus deux ou trois femelles plus jeunes) fera alors place au suivant : un mâle dominant, une femelle dominante, plus deux ou trois mâles plus jeunes. Si vous n'y voyez pas d'inconvénient, libre à vous d'opter pour cette formule !

Conseils d'entretien

Ultrasensible, cet animal a besoin de beaucoup d'affection. Mais une tendresse trop maternelle l'effraie. Il préfère dans un premier temps les relations légères, pétillantes, sans obligation d'abonnement. Comme il est très narcissique, brossez-lui l'ego dans le sens des plumes.

Contrairement à vos copines, le Phön ne ressent pas le besoin immédiat de vous piquer vos fringues, vos recettes et votre bande de copains, mais il ne peut s'empêcher de donner son avis sur tout, y compris sur la moindre chaussette achetée en solde, qu'il trouve souvent hideuse. Mais, comme elles, il se précipite sur vos magazines féminins (pour les derniers potins et la rubrique astro)... et sur votre mec. Une bonne occasion de vérifier que ce dernier n'est pas un « Phön de placard ».

Avec le Phön, vous pourrez vous livrer à votre jeu favori : comment interpréter le borborygme laissé sur votre répondeur par votre dernier courtisan ? C'est un domaine où il excelle et ses réponses (sans jamais répondre à vos questions) vous raviront par leur finesse. Spécialiste de l'espèce concernée, il se délectera de sa compréhension de l'âme humaine. Méfiez-vous cependant de sa légère tendance à vouloir être votre unique favori.

Le Phön est un animal de compagnie, pas un animal domestique. Nul besoin de penser à le nourrir, le promener, le distraire. C'est lui qui vous proposera sans cesse les activités les plus diverses. Autre avantage : vous êtes sûre de ne pas raconter les épisodes capitaux de votre vie à un ingrat, qui vous plante là deux jours plus tard, indifférent à votre investissement émotionnel !

Comment s'en débarrasser ?

Pourquoi se débarrasser d'un tel coéquipier ? Peu envahissant, il vit sa vie, vous la vôtre. Non dévorés par la jalousie ou la suspicion, vous n'avez aucune obligation de présence quotidienne, êtes libres de vous voir quand ça vous chante : que demander de mieux ?

Comme vous l'avez constaté, on parle plus ici d'amitié que d'amour. Sauf fâcherie majeure, bichonnez votre Phön avec soin, puisque c'est sur son épaule que vous irez pleurnicher, quand les lascars décrits dans ce livre vous rendront chèvre !

Cultivez néanmoins vos autres amitiés, sinon vous ressemblerez d'ici peu à ces pauvres filles perdues au milieu d'une volière de Phön jacassant à qui mieux mieux. À force de jouer les bonnes copines asexuées, leur libido frustrée ne tarde pas à s'exprimer sous forme de cheveux gras, d'acné juvénile et de mine suicidaire. Rien de bien attrayant pour partir à la chasse !

Le Phön en dix points

1. Il ne vous « calcule » pas d'emblée.
2. Il parle d'abord à votre jules.
3. Il adore se déguiser en Dalida pour son anniversaire.
4. Il appelle ses copains Monique, Amanda ou Carmen.
5. Il sort avec des filles, mais ne couche pas avant le mariage.
6. Ses « amis d'enfance » sont très ambigus.
7. Il préfère le kabuki au sumo.
8. Il s'amuse d'un rien, comme un vrai gamin.
9. T'as fini ton journal ? Je peux lire l'horoscope ?
10. Son leitmotiv : « Quelle vieille garce, celui-là ! »

Le Moâ-Jeuh

Le perfide - Ancêtre : renard

Tendance : passe-partout
Potentiel affectif : instable
Humour : parfois hilarant
Fidélité : fidélité ?
Mise en garde :
dangereux pour votre équilibre psychique

Le modèle avance masqué

Comment le reconnaître ?

Le Moâh-Jeuh prend un air inoffensif pour tromper sa proie. Ayant tiré profit de sa lecture des *Fables* de La Fontaine, il ensorcelle ce pauvre imbécile de corbeau sur sa branche, vous en l'occurrence, afin qu'il lui tombe droit dans le bec, en même temps que le fromage, tant qu'à faire.

D'allure ordinaire, il accorde beaucoup plus d'importance à ses tactiques de séduction qu'à son allure vestimentaire. Ce qui frappe d'abord, c'est son apparente gentillesse. L'air de « ne pas y toucher », il ressemble à tout sauf à un dragueur. Plutôt à un bon copain, dont on ne se méfie pas le moins du monde et avec qui on plaisante agréablement. Car de l'humour, il en a à revendre et il le cultive avec soin : il sait depuis longtemps que c'est un truc infaillible pour faire craquer les filles.

De l'humour, oui, mais manié avec délicatesse, pour ne pas avoir l'air du gros lourd qui aligne blague sur blague. Après vous avoir fait éclater de rire, il change de répertoire et révèle d'autres facettes de son personnage : sensible, intelligent, un brin fragile. Un assortiment très à la mode, qui a fait ses preuves.

Grand chapardeur d'âmes naïves, il s'est constitué une panoplie de charmeur professionnel, perfectionnant ses astuces pour se rendre irrésistible. Paré d'armes sournoises, il sait exactement comment procéder pour vous transformer en une marionnette dont il va tirer les fils un à un.

Comment l'approcher ?

Vous n'avez pas vu arriver ce rusé prédateur, qui se trouve comme par enchantement à vos côtés. Plaisant, attentif, il manifeste une curiosité insatiable pour votre petite personne. Succombant à ses délicieuses flatteries, vous répondez bêtement à toutes ses questions, ce qui lui permet d'adapter sa stratégie à mesure. Le Moâh-Jeuh vous étourdit alors par un feu d'artifice d'esprit pétillant et de complicité feinte. Au bouquet final, vous êtes tellement éblouie que vous avez perdu tout sens commun.

Par exemple, vous ne remarquez même pas qu'il fait exactement le même numéro à d'autres dès que vous avez le dos tourné. Ou qu'il est accompagné d'une copine à la mine renfrognée, qui lui fait une scène dans un coin et qu'une inconnue l'invite le week-end prochain en Bretagne pendant qu'il coupe son portable après y avoir jeté un coup d'œil agacé. Autrement dit, vous venez de mettre le pied dans un gynécée sans vous en douter le moins du monde.

Mais comme vous êtes sa dernière conquête, il s'arrange pour se libérer de toutes ses obligations, donc pour vous emmener dare-dare avec lui. Plus à l'aise sur son territoire, il préfère ensuite vous conduire dans son terrier, où il achève de vous envoûter en se montrant sous son meilleur jour, trop avantageux pour être vrai.

C'est simple : vous avez l'impression d'avoir tiré le gros lot ! Devant un tel éventail de qualités, votre cœur flanche. Et vous tombez raide amoureuse, persuadée d'avoir rencontré la perfection faite homme.

Comment le domestiquer ?

Vous avez déjà vu un renard en laisse ? Bon, alors...

Le Moâ-Jeuh collectionne les enlèvements de cœurs sensibles à la vitesse de l'éclair. Il n'aime rien tant que passer d'une groupie à une autre et déteste que l'une d'elles s'échappe pendant ses absences répétées. Pour vous garder sous sa coupe, il va semer le trouble dans votre esprit par une attitude incohérente à souhait, alternant la passion et l'esquive à un rythme très étudié. Le tout saupoudré de discours enflammés mais brumeux, dont la confusion menacera rapidement votre santé mentale. À ce stade, renoncez à cette adoption ! Sinon vous risquez de devenir aussi siphonnée que lui.

À la différence du Mate-Show, qui est capable d'engagement (momentané s'entend, agrémenté de conquêtes sans lendemain), le Moâh-Jeuh est allergique à ce mot. Prendre une décision est au-dessus de ses forces et il préfère vivre toutes les histoires en simultané. Pourquoi renoncer à ses vieilles maîtresses, qui n'exigent plus rien de lui, et à toutes celles qu'il ne connaît pas encore ? N'allez pas trop vite en besogne, vous lui faites peur !

Après avoir envisagé toutes les hypothèses pour expliquer son comportement, vous réalisez que ce cas dépasse vos compétences médicales. Du coup, le spectacle de ce pantin qui se débat avec ses démons imaginaires devient cocasse. Tant de mensonges, de mauvaise foi et d'immaturité, c'est presque attendrissant ! Attention de ne pas céder à la tentation de le « réparer », une cohorte de psys et d'ex y ont laissé des kilos de plumes !

En dernier recours, il vous expliquera qu'il n'a jamais été heureux et en profitera pour dégommer au passage toutes les intrépides qui ont croisé son chemin, y compris celles qui sont encore à ses côtés. Même s'il proclame sans cesse qu'il rêve d'une « belle histoire » !

Comportement et vie sociale

Cet animal présente deux visages radicalement opposés. En public, avide de s'attirer tous les suffrages, il s'applique à être drôle, prévenant, attentif aux autres. Des qualités indéniables, qui donnent envie de l'adopter sur le champ.

En privé, il est fréquemment qualifié de tyran domestique. Un type sinistre et despotique remplace le joyeux drille avec lequel la vie semblait une fête permanente. Terrorisé à l'idée d'être piégé de façon durable, le Moâ-Jeuh est le champion du monde de l'arrangement.

Ce grand professionnel de la dérobade, même équipé d'un téléphone portable, est difficile à localiser avec précision. Pris en flagrant délit de mensonge, il s'en sort à l'aide de pirouettes et revendique son droit à posséder un « jardin secret », où il s'adonne à une réflexion intense sur les choix qu'il est conscient de devoir faire…

En jouant sur plusieurs tableaux, il éloigne le spectre terrifiant de sa maman, réincarnée dans toutes les représentantes du sexe féminin. Que celle-ci l'ait étouffé ou abandonné quand il était petit, il lui voue une haine tenace, dont vous aurez la joie de bénéficier ! Si votre sens du sacrifice atteint ce stade alarmant, poursuivez donc votre mission humanitaire…

Pourtant, son espièglerie et sa fantaisie enchantent certaines femmes au caractère bien trempé, auprès desquelles il a un succès indéniable… dans un premier temps.

Alimentation

Une fois assuré de vous avoir conquise, le Moâ-Jeuh ne fait plus aucun effort pour vous être agréable. Comme il compartimente soigneusement sa vie, vous le verrez le plus souvent en tête-à-tête, rarement avec ses amis ou les vôtres. Il vous arrivera de partager des repas, mais plutôt des sandwiches ou des cafés pris à la hâte entre ses nombreux rendez-vous.

Qu'il soit fin gastronome ou indifférent aux plaisirs de la table, il est surtout concentré sur son sujet de prédilection : lui-même. Au lieu de vivre de doux moments de convivialité, vous serez à la merci de son humeur, chagrine ou foldingue, selon la phase qu'il traverse.

La première correspond à son état habituel. Sans cesse poursuivi par les femmes – ses amoureuses, ses collègues, ses sœurs ou… sa mère –, il se plaint d'un harcèlement qui l'attriste : jamais il ne comprendra le cruel et abusif comportement féminin. Peu élégant, il se répand en confidences sur l'imbroglio infernal de sa vie sentimentale et réclame de la compréhension pour ses souffrances.

La seconde phase correspond à des moments de surexcitation imprévisibles, où la pression qu'il subit explose sous forme de bouffonneries déconcertantes. Un peu comme les enfants, qui vont crescendo dans le délire, avant de s'effondrer en larmes quand on arrive enfin à les coucher.

Reproduction

À l'image de son aïeul, le Moâ-Jeuh se déplace sur un vaste territoire englobant plusieurs femelles. Il effectue des séjours plus ou moins longs chez les unes et les autres avant de regagner son terrier principal, parfois fourni en renardes et renardeaux.

Admettez que ce mode de vie n'est pas de tout repos pour lui, exigeant une organisation infaillible, une mémoire d'éléphant pour ne pas confondre prénoms, anniversaires et parfums préférés, une robuste santé physique et une capacité étonnante à vivre l'instant présent. Afin de préserver la pureté de votre relation et ne pas sombrer dans la routine, il tient à vous réserver le meilleur de lui-même, moments précieux qu'il enrobe du terme enchanteur de « parenthèses ».

Comment accepter un *deal* aussi nul ? hurlez-vous. D'après les confidences que j'ai pu recueillir, ce lascar semble posséder une forte capacité hypnotique. Mimant la passion à la perfection, il vous sert tous les ingrédients de l'amoureux transi pour vous faire perdre la raison et renouveler ainsi sa période d'essai. Sous l'effet de ce puissant sortilège, vous perdez toute objectivité et enfourchez allégrement son tapis volant. Planant royalement au septième ciel, vous le voyez alors déguerpir aussi vite qu'il est arrivé...

Brutalement dégrisée, vous tentez de comprendre ce qui s'est passé en vous remémorant les instants précédents. Certes, l'observation détaillée de cet animal de compagnie peut vous aider à décrypter ses émotions, mais tout cela forme un ensemble complexe, difficile à interpréter !

Conseils d'entretien

Semblant à première vue faire preuve d'un narcissisme pathologique, le Moâ-Jeuh révèle souvent un manque fondamental de confiance en lui. Il s'attache par conséquent à une maîtresse qui le met en valeur et entretient l'illusion qu'il est formidable. Comme n'importe quel homme ! objectez-vous. Oui, sauf qu'ici le manque affectif est un gouffre sans fond que personne ne peut combler.

Du reste, il se protège des sentiments comme de la gale. Ses expériences précédentes ont démontré qu'il avait raison : vous n'imaginez pas à quel point il en a bavé ! Face à une affection trop envahissante, il réagit par un mouvement de panique en griffant férocement votre sensibilité.

Si vous n'êtes pas découragée, voici comment assumer les tâches courantes d'une propriétaire de Moâ-Jeuh : être une maman de substitution, le complimenter sur ses moindres faits et gestes, sans oublier de le gronder régulièrement, en exigeant qu'il fasse des efforts pour vous contenter.

Pour votre information, une prisonnière de Moâ-Jeuh se reconnaît à son expression favorite et récurrente, quand elle parle de lui : « Il fait des progrès tous les jours. »

Comment s'en débarrasser ?

Pour prouver qu'il a raison de se méfier des femmes, le Moâ-Jeuh s'arrange, à plus ou moins long terme, pour être quitté. Il se rend tellement infernal et insupportable que personne ne résiste très longtemps à ce régime.

C'est là qu'apparaît son immense fourberie : passé maître dans l'art de vous faire péter les plombs, il hurlera à l'agression si vous lui rendez la monnaie de sa pièce. Si vous protestez pour vous défendre, il vous prouvera par a+b qu'une relation est impossible avec vous, vous êtes injuste alors qu'il est si gentil !

Après quelques rounds, vous décidez de mettre un terme à cette guéguerre. Vous pensez en être enfin débarrassée, reprenant goût à votre liberté, et le voilà qui réapparaît ! Jouant de sa ruse éprouvée, il vient vous compter fleurette en déroulant un prospectus de propositions mirobolantes. Subissant à nouveau son emprise, vous voilà catapultée sur une terrasse hawaïenne, sirotant un *blue-lagoon* au coucher du soleil, avant de céder à ses baisers passionnés !

Quand le film s'arrête, c'est-à-dire le jour où vous comprenez qu'il est complètement cinglé, vous êtes sur la bonne voie. Il ne vous reste plus qu'à couper les ponts… et à prendre des vacances avant d'envisager une nouvelle adoption.

Le Moâ-Jeuh en dix points

1. À première vue, il semble être l'incarnation de la joie de vivre.
2. Comment fait-il pour être aussi subtil ? On croirait qu'il lit dans vos pensées.
3. Il reçoit vingt-quatre heures sur vingt-quatre des appels « professionnels ».
4. On dirait qu'il n'aime pas trop les questions.
5. J'ai trop bu ou c'est son regard qui m'hypnotise ?
6. Vraiment trop charmant pour être honnête.
7. Ses excuses sont tellement énormes que vous n'oseriez jamais les utiliser.
8. Évitez le mot « chéri », ça lui rappelle sa mère !
9. Il vous téléphone de Milan, mais vous venez de l'apercevoir dans la rue : bizarre…
10. Son leitmotiv : « Ne me mets pas la pression ! »

L'Exotic

L'exotique - Ancêtre : oiseau migrateur

Tendance : sa cote est au top
Potentiel affectif : capricieux
Humour : dépaysant
Fidélité : dépend de sa tradition
Mise en garde : s'envole facilement

Le modèle existe sous toutes les latitudes

Comment le reconnaître ?

Un phénomène nouveau s'observe dans nos contrées : pour faire face à la pénurie d'animaux de compagnie disponibles sur le marché, par lassitude ou par curiosité, nombre de femmes n'hésitent pas à parcourir des milliers de kilomètres pour dénicher l'oiseau rare.

Si tel est votre cas, il vous sera aisé de reconnaître l'Exotic : il y en aura plein les rues ! Tous ces superbes mâles, pas encore atteints par la déprime de notre société, authentiques et, qui sait, disponibles !

Certaines jugent plus simple de se rendre dans un club de vacances, où le prof d'abdo-fessiers fera très bien l'affaire. Ou de tester leur séduction auprès d'étrangers fraîchement débarqués dans leur pays.

D'autres pianotent comme des dingues sur Internet et font parfois des rencontres très exotiques à deux pas de chez elles.

La constante étant qu'avec l'Exotic, le dépaysement est garanti : langue, comportement, coutumes, traditions (culinaires et autres). Plus rarement en ce qui concerne l'habillement, à cause d'une standardisation mondiale déplorable. Sauf si vous faites votre choix dans un groupe folklorique de passage, bien entendu.

Comment l'approcher ?

Première hypothèse : vous êtes « en repérage » à l'autre bout de la planète. L'avantage de cette situation, c'est qu'elle vous évite tous les préliminaires civilisés et vous autorise, d'un simple regard, l'échange suivant : « Toi vouloir moi ? — Ça tombe bien, moi vouloir toi aussi ! » Pas besoin d'étaler ses dernières lectures ou ses opinions politiques. Quel délice de parler couramment l'espéranto ! de partager des fous rires sans savoir pourquoi ! de s'émerveiller à l'écoute de concerts de borborygmes ! Un retour aux sources vivement recommandé aux femmes stressées par la vie citadine.

Seconde hypothèse : vous êtes sur votre territoire. L'Exotic parle votre langue, mais quand même, pas tout à fait. Explication : il ne correspond à aucun zigoto de votre connaissance. Il est vrai qu'on croise rarement un guide de haute montagne ou un loup de mer dans nos villes. La peau tannée par le soleil, le corps sculpté par le sport, la voix éraillée par la clope (en option) vous transforment en suave loukoum en deux secondes chrono. Tous vos anciens jules sembleront soudain de sinistres crevettes grises, en comparaison. Le phénomène est identique même quand l'animal est affreux, l'apparition de cette curiosité provoquant fréquemment un trouble passager.

Concernant vos recherches sur Internet, prenez garde à la publicité mensongère : quel Loo-Sir n'aura pas la tentation de se présenter comme un Topi-Sim (lire chapitres concernés) ?

Comment le domestiquer ?

Tout un programme ! Habitué comme ses ancêtres à franchir des distances ahurissantes, l'Exotic ne craint pas le voyage. Vous pouvez le rapporter dans vos bagages, il n'y verra pas d'objection. Mais l'importation d'un animal de compagnie n'est pas si simple. Primo, il lui faut un temps d'acclimatation non négligeable et secundo, il migre souvent en sens inverse, par atavisme.

Admettons que vous preniez livraison de votre nouveau joujou. Après des milliers de coups de téléphone et de mails enflammés, cet être magique, paré de toutes les vertus par la distance et l'absence, débarque enfin dans votre vie de tous les jours !

« Attends, ne me dis pas que c'est ce gnome moustachu, avec les tongs et le chapeau de brousse ? » tressaillez-vous en le voyant débarquer à l'aéroport, à la gare, au port, au café, selon la provenance. Rouge pivoine, vous grimacez un sourire crispé. Curieusement, son arôme de sable chaud a disparu et ses baisers ne sont plus du tout renversants. Mille scénarios d'évasion ou d'abandon sauvage crépitent dans votre cerveau affolé.

Et cela n'est rien en comparaison de ce qui vous attend. Vous avez tellement crié victoire que l'oiseau est attendu de pied ferme par votre smala. Comment assumer pareille catastrophe ? Il est encore temps de foncer vers la sortie de secours !

Mais l'Exotic peut aussi vous aller comme un gant. Dans ce cas, la période d'adaptation, pleine de magie et d'enchantement, offre une bouffée d'oxygène salutaire, en décrassant vos petites routines et habitudes.

Comportement et vie sociale

La Terre est trop vaste pour passer en revue tous les spécimens que vous êtes susceptible de dégoter. Ils ont pourtant un point commun... Qu'ils arrivent de la brousse ou du bled voisin, ils sont si décalés qu'ils produisent un effet paradoxal : c'est vous qui avez l'impression d'être en plein *jet-lag* !

Le *gentleman-farmer*, l'affolant danseur de samba, le marin écossais, le fier Touareg ou le prof de ski ne se fondent pas instantanément dans notre faune urbaine, surtout s'ils viennent de débarquer. Même habillé en quidam passe-partout, l'Exotic conserve son étrangeté.

Mais elle est toute relative. Notre mode de vie, qu'on qualifie un peu vite de « normal », présente à ses yeux un degré d'exotisme rare, auquel il lui faudra d'abord s'acclimater. Et en douceur, si possible, sa personnalité subissant rarement une métamorphose spectaculaire.

« Là-bas », sa bizarrerie avait un charme fou. Chez vous, c'est moins évident. Pour éviter des confrontations inutiles avec votre entourage, préférez un individu joyeux et exubérant. Il saura tout de suite se rendre sympathique. Peu informé des usages en vigueur, il détendra l'atmosphère par sa spontanéité, son sens de la fête ou son originalité. S'il ne parle pas votre langue et qu'il dit trop d'âneries, rien ne vous empêche de faire une fausse traduction simultanée. Ainsi, vous zapperez les blagues nulles ou la philo de comptoir qui vous collent la honte.

Évitez surtout le coincé revêche. Il y en a déjà assez ici, pas la peine d'en rajouter ! Inadaptable, peu curieux, il fera sans cesse référence à son pays, ses traditions, sa culture, etc. Il vous sapera le moral et ennuiera tout le monde. Ce migrateur finit toujours par céder à la nostalgie. Il quitte le nid sans prévenir et repart à tire d'ailes vers son destin… Notons que les plus paresseux atterrissent parfois dans un nid voisin, pour éviter les traversées périlleuses vers des destinations incertaines.

Alimentation

Grâce à l'Exotic, votre répertoire culinaire va enfin s'étoffer. Adieu cuisine de nos grands-mères, plongez dans la *world-fusion* ! Mille plats formidables n'auront plus de secret pour vous et vous manierez allégrement nids d'hirondelle en tartiflette, blanquette au curry vert, *Christmas pudding* à l'huile de vidange (pire que l'original) ou œufs centenaires à la gelée de violette, par exemple. À faire pâlir d'envie les restos les plus branchés !

L'Exotic peut aussi être fin connaisseur des nectars de son pays. Par curiosité, vous dégusterez quelques gouttes de mescal, de saké ou de liqueur parfumée à la vipère, pendant qu'il descendra la bouteille (voire le tonneau) d'un trait, en compagnie de ses potes recrutés dans la communauté locale. Rivalisant de virilité, ils ne cesseront leur compétition qu'au petit matin et cuveront ensuite pendant trois jours les litres ingurgités. C'est là que vous vous demanderez si vous êtes vraiment une aventurière…

Très en avance question perceptions extrasensorielles, l'Exotic vous concoctera peut-être des cocktails de plantes chamaniques ou des omelettes aux champignons hallucinogènes. Quand vous amorcerez votre descente sur terre, notez soigneusement les recettes. Vous les servirez à vos amis : ambiance garantie !

Reproduction

Généraliser le comportement amoureux de l'Exotic, disponible en tant de modèles différents, semble impossible. Certaines lignes de force surgissent pourtant à l'examen de son profil.

S'il vous a convaincue au point de l'adopter, c'est qu'il possède sans doute des arguments. N'oublions pas que la nouveauté est un puissant atout marketing dont il use habilement. Sans tomber dans le cliché du « bon sauvage », avouez qu'en le capturant, vous avez cru retrouver une authenticité perdue ! Sous l'effet d'une hallucination due au décalage horaire, à l'altitude ou à une insolation, vous avez exalté ses prouesses, les comparant cruellement à celles de vos amants précédents. Vos Marcels ne se doutent pas encore de ce qui les attend à votre retour : une concurrence déloyale !

Le problème, c'est qu'après installation chez vous, le volatile enchanteur intriguera beaucoup vos copines et vous devrez batailler ferme pour qu'on ne vous l'emprunte pas. Notamment si votre Exotic provient d'un élevage où règne la polygamie. Il aura toutes les peines du monde à comprendre pourquoi il ne peut pas rendre service à toutes ces filles si accueillantes, qui ont envie de faire un peu d'exercice ! Pire encore, il donnera des idées aux derniers mecs potables de votre entourage en les initiant aux joies de cette pratique !

Le seul avantage, au cas où il aurait perdu toute saveur à l'importation, est alors de le solder en douce en vantant l'affaire du siècle.

Conseils d'entretien

L'Exotic réserve parfois des surprises insolites. Exemples : le cinglé de varappe que vous avez égoïstement soustrait à son habitat naturel risque fort d'installer un mur d'escalade dans votre salon ; le pêcheur tropical, de transformer votre baignoire en banc d'oursins sauvages ; le chasseur *vintage*, de perfectionner son tir à l'arc sur vos poteries chinoises. Mais tout cela peut avoir un certain charme.

Le stade critique est atteint quand, incapable de vivre sans sa tribu et soucieux de vous faire bénéficier des joies de la vie communautaire, il installe peu à peu tous ses amis et parents chez vous. Certaines citadines s'en accommodent très bien et retrouvent dans une organisation matriarcale des valeurs oubliées qui les enchantent.

Certaines acquéreuses, agacées par son ignorance de notre *way of life* tentent le dressage culturel : tics de langage branché, noms des *people* dont on parle, polémiques sauvages sur les derniers prix littéraires ou tendances déco, philo, etc. Soyez indulgente s'il ne retient pas tout. Au contraire, remerciez-le de faire le ménage dans votre « disque dur ». Toutes ces infos in-dis-pen-sables saturaient gravement votre mémoire vive !

Comment s'en débarrasser ?

1) Vous l'avez déniché par petite annonce et rencontré au troquet du coin : tournez les talons, la question est réglée.

2) Il provient de la montagne, de la campagne ou des bords de mer ? Un renvoi à l'expéditeur ne devrait pas poser trop de problèmes. Inutile de culpabiliser : vous avez droit à un délai légal de sept jours pour changer d'avis.

3) En revanche, quand il a fait vingt-cinq heures d'avion avec trois escales pour vous retrouver, c'est plus délicat… Comme nous l'avons vu précédemment, vous pouvez prendre la fuite à la livraison, ce qui n'est pas très élégant. En cas d'essai non concluant et si votre Exotic présente plus d'inconvénients que d'avantages, vantez son originalité à une amie blasée en quête d'inédit. Elle s'en emparera sûrement !

Dernier recours : repartez en voyage pour en chercher un autre.

L'Exotic en dix points

1. « Hello you ! » Ah, super, il parle anglais !
2. Oh, le charme ! On se croirait dans un film italien tellement il en fait des tonnes ! Trop top !
3. Une rando de trois semaines en peau de phoque ? Euh… super-idée !
4. Maman, ce n'est pas un bonnet au crochet, c'est des *dreadlocks* en chignon !
5. Non, il ne parle pas français, mais je préfère, c'est plus intense.
6. Ce n'est pas un macho, mais un Homme, un vrai.
7. Cette mixture avec des sauterelles, c'est vraiment une spécialité de chez lui ?
8. Caro, je sais qu'il est chez toi ! Allô ? Allô ! (Tut, tut, tut…)
9. Si on mettait un peu de Gainsbourg, non ? La flûte des Andes, ça va un moment !
10. Son leitmotiv : « French ? Oh ! I love Amélie Poulain ! »

Le Bonboughr

Le bon bougre - Ancêtre : nounours

Tendance : très mal coté
Potentiel affectif : rassurant
Humour : pas hilarant
Fidélité : standard
Mise en garde : animal peu dynamique

Modèle standard, souvent transparent

Comment le reconnaître ?

C'est celui qu'on ne « calcule » pas d'emblée. Le type ni moche ni beau, ni séduisant ni repoussant, ni brillant ni benêt. Celui avec lequel on échange des propos insignifiants, dont la présence n'est pas désagréable mais qui nous laisse parfaitement indifférente. Un peu comme le cousin Bernard, qu'on voit une fois tous les dix ans et à qui on n'a pas grand-chose à dire.

Dans une soirée, c'est celui qui rase les murs en vous souriant, court remplir votre verre, s'interpose dans vos conversations en les ponctuant de commentaires pas franchement spirituels. Celui qu'on finit par trouver collant et qu'on fuit au moindre prétexte.

Pourtant, il a l'air gentil, s'intéresse à vous et écoute vos réponses (ce qui devrait déjà vous le rendre sympathique). Mais le problème, c'est quand, par politesse, on fait semblant de s'intéresser à lui. Alors, là... ça se gâte.

Démonstration :

– Et qu'est-ce que vous faites dans la vie ? lui demandez-vous après un long silence pesant.

– Je suis chef de bureau chez Duboulet et Associés.

– Ah... et c'est intéressant ?

– Oh ! Depuis le temps, je m'y suis fait !

– Pourquoi, vous y êtes depuis... ?

– Quinze, dix-huit ans ? Je sais plus exactement.

– Hum… Zut, mon portable ! Excusez-moi !

Pourtant, ce lascar a l'air bien douillet et il fait froid dehors, vous chuchote une petite voix. Mais quel ennui ! Non, vraiment, pas envisageable !

Comment l'approcher ?

C'est toujours lui qui fait des approches. Perdu au milieu de jouets autrement plus affriolants, il s'efforce de faire vibrer en vous la fibre « attendrissement ». Celle qui vous faisait préférer votre ours Martin à cette pimbêche de Barbie. Autrement dit, il réveille une palette d'émotions liées à la douceur de l'enfance, la chaleur d'un gros duvet (Pourquoi l'imaginez-vous déjà si velu ?) et d'un nid confortable.

Pour abattre vos résistances, il joue franc jeu en sachant qu'il est une valeur sûre : un mec, point. Sa bonne bouille, son léger embonpoint, sa présence rassurante en ont fait fondre plus d'une, malgré ses bourdes, son humour lourdingue et ses tenues ringardes.

Et puis, ses copines lui ont raconté leurs déboires et il sait que lui, au moins, il n'est pas dingue, pas dépressif chronique, pas égocentrique forcené, pas dévoré d'ambition. Il n'a qu'un rêve : trouver une gentille (et si possible mignonne) petite nana qui ensoleille son quotidien, dont il s'occupera dans la limite de ses moyens (intellectuels, sportifs, financiers) et qui, au final, lui foute une paix royale pour qu'il puisse continuer son petit train-train.

En résumé, ses arguments de vente sont : « OK, je ne suis peut-être pas ton fantasme de gamine, mais je prendrai ta petite menotte dans ma grosse patte, on va profiter des plaisirs de la vie et faire un joli bout de chemin ensemble. » Ce qui, dans notre cerveau de citadine stressée, se traduit par la formule magique : « Tu pourras compter sur moi. » Un atout de poids parmi tous ces pauvres hommes errant entre leur quête d'identité, leur plan de carrière et leurs crises mystiques !

Comment le domestiquer ?

Dans un premier temps, c'est lui qui va peu à peu vous domestiquer. En s'imposant en douceur dans votre vie : il a de la suite dans les idées et peut vous faire la cour pendant très longtemps sans se décourager. Au début, vous repousserez cruellement ses avances. Vous méritez mieux ! Et Madame Irma ne vous a-t-elle pas prédit un fabuleux mariage ?

Tout en cavalant d'un phénomène à l'autre (voir sommaire), vous accepterez de mauvaise grâce ses invitations et finirez par apprécier sa constance bonhomme, surtout après avoir épuisé des armoires de Kleenex et la patience de vos confidentes.

Petite ellipse dans le temps : vous voilà installés ensemble, entamant un délicieux ronron de cocooning. Fini les soirées, les week-ends et les réveils solitaires, bonjour la vie à deux !

Ici commence l'étape de domestication de votre compagnon. Certes, il vous témoigne une affection sans faille, vous n'avez plus d'angoisses d'abandon, vous venez de signer un CDI hypersécurisant. Mais le revers de la médaille, c'est... le quotidien. Au jour le jour, ce gros nounours réserve peu de surprises et adore sa petite routine. Vous serez alors tiraillée entre la joie de la cohabitation et la nostalgie de votre vie de célibataire, avec son potentiel de rencontres, d'imprévu et de fantaisie.

Comportement et vie sociale

Amoureux de ses petites habitudes, le Bonboughr présente de nombreux points communs avec le vieux garçon.

Son boulot : c'est un peu par hasard qu'il a atterri dans ce job, il y a douze ans (même s'il n'en a que vingt-sept). Bon, ce n'est pas passionnant, mais pourquoi se fatiguer à chercher ailleurs ? Ce qui compte, c'est l'aisance que ça lui procure. Vous insistez : vraiment, il n'a jamais rêvé de faire autre chose ? (Là, vous vous attaquez à un chapitre qui demande des années de travail.)

Ses copains : les mêmes depuis l'enfance. Bon, ils ne sont pas passionnants, mais pourquoi se fatiguer à en chercher d'autres ? Il les connaît par cœur et personne ne vous oblige à assister à leurs soirées foot (devant la télé). Et puis, vos copines sont soûlantes avec leurs histoires de nanas et leur blabla pseudo-intello ! (Cela dit, il n'a pas tort...)

Son entretien physique : si, il fait du sport ! Il joue le dimanche à la pétanque avec ses potes et il promène le chien ! « Écoute, ma puce, tu me vois en train de m'agiter en collant rose dans un club ? Franchement !... Quel petit bedon ? »

Ses loisirs : mais pourquoi détestez-vous autant sa collection de robots et de BD ? C'est rigolo, au moins ! Pas comme cet abominable théâtre où vous l'avez emmené l'autre jour, cinq heures sans entracte sur des bancs de bois dans une salle non chauffée : plus jamais !

Sans parler de son manque de curiosité pour tout ce qui sort de ses parcours fléchés depuis l'adolescence, sa mollesse érigée en art de vivre sereinement. Il faut admettre qu'il n'est pas vraiment stressé, votre Bonboughr, il prend la vie du bon côté et fait la sieste quand un léger nuage obscurcit son horizon. Si vous êtes une « locomotive » et que ce lourd train de marchandises ne vous effraie pas, vous le traînerez partout avec le secret espoir de stimuler son esprit d'initiative...

Si vous êtes branchée sur deux cent vingt volts en permanence, vous risquez de vous ennuyer ferme ou de péter les plombs à brève échéance. Car sa force d'inertie est colossale. Et tous vos efforts pour le réveiller retomberont comme un soufflé mal cuit.

Alimentation

Cet animal de compagnie est très gourmand. Quoi de plus sympathique qu'une bonne grosse bouffe entre copains ? Souvent expert en la matière, il présente l'avantage de prendre en main cette partie de l'intendance : non content de faire les courses, surtout les marchés (où il parle des heures des vertus d'une volaille, de la consistance d'un fromage ou de la note boisée d'un vin), il officie aussi aux fourneaux, où il passe le plus clair de son temps libre.

La conséquence directe de ce penchant, c'est sa surcharge pondérale qui augmente de jour en jour. Et la vôtre avec, si vous n'y prenez garde. Vous apprécierez peut-être d'être servie à domicile par un chef, mais ces agapes, agrémentées de discussions culinaires, risquent de développer en vous des aigreurs. Et le sentiment qu'il y a tout de même d'autres sujets dignes d'intérêt dans la vie.

C'est là que vous commencerez à dresser la liste des « plus » et des « moins » de votre roudoudou. Avant de vous muer en grosse dondon, vous aurez le choix entre l'abandon et la résignation. Celle-ci consistant à vous répéter : « Un tiens vaut mieux que deux tu l'auras pas. »

Reproduction

Tout dépend de sa forme. S'il a le coup de fourchette trop solide, il y a de fortes chances qu'il reprenne la forme rondouillette de son ancêtre le *teddy-bear*, se contentant de vous tenir compagnie en ronflant très fort.

Mais ne dressons pas un tableau trop sombre de cet animal ! Capable de beaucoup de tendresse, il a la particularité d'être non seulement enveloppé, mais enveloppant.

Ici encore, son plus gros défaut est son manque de fantaisie, à l'image de sa personnalité. Il a testé quelques figures de voltige en début de carrière et ne voit pas l'utilité de se creuser les méninges pour innover. Grand paresseux, il déteste se compliquer la vie et estime qu'il a fait le tour de la question.

Pour se rassurer sur son pouvoir de séduction, il attend pourtant d'une compagne qu'elle lui serve tous les registres de la féminité. Assez versé dans le cliché, il confond passion et hystérie, ce qui semble se révéler lassant à l'usage…

Méfiez-vous, car de nombreux spécimens sont atteints du démon de midi (qui peut survenir à n'importe quel âge) et font un revirement subit : du bon gros pépère, ils passent au cavaleur déchaîné sans crier gare !

Conseils d'entretien

Comme le Bonboughr ne se pose pas trop de questions sur la marche du monde, qu'il n'est ni très remuant ni très exigeant, il est assez facile à contenter.

Tous les joujoux inventés par notre société pourront l'occuper : accessoires pour sa voiture, matériel hi-fi, nouveaux gadgets à la pointe de la technologie, collections en tous genres. Dans un registre plus classique, le traditionnel établi et ses nombreux accessoires l'enchanteront (et vous garantiront quelques heures de liberté).

Vous découvrirez aussi son personnage favori, auquel il s'identifie depuis l'enfance et qui n'a plus de secret pour lui : Napoléon, le Chevalier Bayard ou Al Capone. Celui qu'il met à toutes les sauces, qu'il cite sans relâche et qui vous flanque la migraine. Mais qui vous fournira matière à cadeaux en tous genres quand vous serez en panne d'inspiration : biographies, figurines, films, porte-clés etc.

N'oubliez pas les tenues confortables, de préférence longues, larges et molles, y compris les vêtements de sport qu'il adaptera au farniente. Vous aurez beau lui vanter les mérites de l'exercice, il trouvera toujours des arguments pour défendre les vertus de la relaxation.

Pour faire son éducation, vous essaierez de l'extirper de ses quatre murs. De nombreux terrains d'exploration s'offrent à vous, de la simple balade à la découverte d'autres cultures, traditions, artisanats. Mais vous renoncerez sûrement à cette entreprise, car le seul effort qu'il consentira à faire se limitera à s'empiffrer de produits régionaux.

Comment s'en débarrasser ?

L'idée de retrouver votre solitude vous terrorise ? Rappelez vos ex (que vous avez largués pour convoler avec le Bonboughr). Ceux qui vous rendaient barjo mais qui, finalement, étaient quand même plus marrants. Vous avez cédé à la panique du célibat, qu'à cela ne tienne ! Après cette monotonie, votre liberté retrouvée vous donnera une pêche d'enfer !

Renouez avec vos amis, qui ont tous pris le large, ne supportant plus de se barber autant en votre compagnie. Ne culpabilisez pas trop : votre Bonboughr va remettre le nez dehors et capturer une nouvelle candidate avec une nonchalance déconcertante. Et comme il n'est pas vache, il aura même l'élégance de rester votre copain. Vous pourrez ainsi le conserver auprès de vous, comme votre peluche d'enfance qui ne vous a jamais quittée (avouez-le).

Quand vous aurez la nostalgie de sa mine pataude et de sa présence soporifique, souvenez-vous de ces heures interminables où vous étiez oppressée par l'ennui.

Précisons toutefois que le Bonboughr a beaucoup de succès auprès de certaines femmes, qui semblent parfaitement heureuses en sa compagnie. Sans doute de celles qui planifient leur vie comme un horaire de la SNCF. Une fois la question du coéquipier réglée, elles passent à l'étape suivante, en évitant de trop réfléchir. À vous de voir...

Le Bonboughr en dix points

1. Quand il raconte une histoire, vous pensez à vos factures en retard.
2. Des blagues aussi nulles, vous avez du mal à croire que ça existe.
3. Qu'est-ce qu'il est collant, c'est pas vrai !
4. Ah, salut Paul, euh... J'ai pas de réseau là, ça va couper !
5. Pourquoi faire douze heures d'avion alors qu'on a la meilleure cuisine du monde ?
6. Le Salon du modèle réduit ? Bonjour la surprise pour le week-end !
7. Pas sympa les copines, arrêtez de l'appeler Balloo ou je vais me fâcher !
8. Chut ! C'est le match France-Galles, ma biche !
9. Promis, on va faire un programme pour les vacances...
10. Son leitmotiv : « Je vais d'abord faire une petite sieste ! »

Le Topi-Sim

Le prince charmant - Ancêtre : crapaud

Tendance : classique indémodable
Modèle hors catégorie :
que des qualités, zéro défaut

Comment le reconnaître ?

Hyperfacile : le Topi-Sim, dans sa version basique, combine le cerveau d'Einstein, le talent de Picasso, le physique de votre acteur préféré (différents styles disponibles), l'humour de Groucho Marx et la réussite de Bill Gates. Bref, un cocktail hyperbanal, disponible à chaque coin de rue.

Petit rappel sociologique : à la différence des enfants, qui pigent très vite que le Père Noël n'existe pas, les femmes croient toute leur vie au prince charmant, qu'elles soient célibataires, mariées, mères ou grands-mères. Certaines imaginent qu'il est livré tel quel, à savoir parfait et prêt à l'emploi : grossière erreur, que nous détaillerons ci-après.

D'autres, toujours scotchées aux contes de fées, pensent qu'il est planqué derrière un vilain crapaud, histoire de tester leur potentiel amoureux ! Persuadées que l'animal révélera sa nature féerique sous leur regard énamouré, elles se précipitent sur n'importe quel mâle et lui prêtent des qualités extraordinaires. D'un œil globuleux elles déduisent un monde intérieur palpitant, d'un coassement rauque une intelligence hors du commun, d'une patte rugueuse une sensualité troublante. Les yeux embués d'émotion, mademoiselle voit apparaître en surimpression sur ce pauvre crapaud (qui n'en demande pas tant) la famille nombreuse qu'elle fondera avec lui.

Fâcheux malentendu de départ, avouez-le !

Comment l'approcher ?

Au risque de briser vos rêves les plus ardents, répétons que le Topi-Sim n'existe que dans les romans à l'eau de rose ou au cinéma. Bien entendu, tout dépend de votre définition du prince charmant. Si un banal animal de compagnie suffit à vous combler, vous n'aurez aucun mal à le trouver. Si vous êtes affligée de la névrose « bonne fée », prenez donc un Loo-Sir. Si vous avez un complexe culturel, essayez le Oui-Mais ou le Kooh-I-Neur.

Vous faites une fixette sur la perle rare ? Vous exigez la perfection, mais êtes-vous sûre de l'incarner vous-même ? En gros, avez-vous le physique, le *sex-appeal* (et les cachets) de Monica Bellucci ? (Les hommes se montrent très concis dans leur définition de la femme idéale.)

Commencez par méditer la sagesse de ce bon vieux dicton, entendu l'autre jour dans un troquet : « Chaque casserole doit trouver son couvercle. » Sans vouloir vous comparer à un vulgaire ustensile de cuisine, évaluez vos besoins réels en équipement domestique. Honnêtement, que feriez-vous d'un génie, d'une star ou d'un prix Nobel à la maison ? Vous savez pourtant que ces modèles sont d'un égocentrisme féroce et exigent un dévouement inhumain !

Si vous persistez à vouloir transformer votre dernière recrue en homme idéal, passez à la rubrique suivante.

Comment le domestiquer ?

Les téméraires au cœur tendre, qui s'investissent à fond dans le sauvetage du pauvre crapaud, font preuve d'une charité admirable. Refusant tout a priori, elles n'hésitent pas à adopter le plus ennuyeux ou le plus affreux des batraciens, croyant déceler en lui un potentiel prodigieux. Face à une telle entreprise, le mâle se montre très complaisant et peu farouche. Ignorant quelles histoires sa nouvelle groupie se raconte, il se laisse capturer sans méfiance.

Brutalement hissé sur un piédestal, il est pris de vertige et n'imagine pas quels projets grandioses forme pour lui sa maîtresse. Lesquels projets sont inscrits dans un programme de dressage impitoyable, qui mettrait en fuite n'importe quel animal sensé.

Car les propriétaires de futurs Topi-Sim (l'animal n'existe pas au présent) ont un point commun : elles sont têtues comme un troupeau de mules. Vous trouvez leur mec monstrueux ? Personne ne comprend ce qu'elles fabriquent avec lui ? Elles perdent leur temps et feraient mieux de s'inscrire sur un site de rencontres ? Pas du tout ! Elles bossent dur pour fabriquer un homme parfait ! Et ça va marcher ! Laissez-les mariner et observez la situation quelques mois (ou années) plus tard.

1) Leur Marcel est toujours aussi affligeant, mais elles ont chaussé des lunettes roses et le trouvent formidable.

2) Elles sont en plein dressage et font la liste des progrès spectaculaires de leur protégé (il fait la vaisselle, accepte de partir en week-end après trois ans de vie commune, va quitter sa femme...).

3) Elles ont changé de mec, et remplacé leur cancre par un autre, en tous points identique au précédent.

Moralité : le Topi-Sim étant un animal imaginaire, il s'agit surtout de domestiquer votre imagination, pour éviter une trop grande accumulation de « râteaux ».

Comportement et vie sociale

Entretenu depuis des lustres dans nos livres, nos films, nos journaux, le mythe du prince charmant a encore de beaux jours devant lui.

Dans sa version hollywoodienne la plus kitsch, un mec dur et insensible, bourré de thunes, collectionne les aventures et les clichés de la société de consommation. Son chemin croise celui d'une douce naïve (ou qui se prétend telle), qui fera fondre son petit cœur malmené dans le passé. Après un parcours semé d'embûches, l'élue est collée au siège d'une voiture de sport, transportée dans un restaurant de luxe, avant de révéler sa nature sauvageonne dans un Jacuzzi de champagne. Grotesque, dites-vous ? Un coup d'œil au box-office vous confirmera pourtant que le concept a la vie dure.

Dans sa version « chevalier intrépide », le prince charmant lutte envers et contre tous pour le bien et la sauvegarde de valeurs un tantinet désuètes.

Dans sa version « fleur bleue », le Topi-Sim possède toutes les qualités répertoriées dans l'espèce humaine, et aucun défaut. Il est parfait et chevauche tristement son blanc destrier en cherchant la propriétaire de la pantoufle de Cendrillon, à savoir : vous.

Dans sa version « crapaud », le malheureux est sous l'effet d'un sortilège, dont votre puissant amour le libérera. Ce modèle prête à confusion, dans la mesure où il se métamorphose au mieux en Bonboughr, au pire en Loo-Sir, mais jamais en Topi-Sim.

Alimentation

Pour tous les individus se situant entre le vilain crapaud et le prince charmant (100 % de l'espèce masculine), référez-vous aux conseils culinaires des chapitres concernés. Hormis quelques cas à problèmes, comme le « bio » tyrannique qui n'ingurgite que des produits homologués purs, l'adepte du retour à la nature qui s'installe en pleine forêt pour chasser le lièvre ou le toqué de bouffe déshydratée pour cosmonautes, fiez-vous à votre bon sens pour dorloter votre animal de compagnie.

Quant au Topi-Sim, puisque cet être fantasmagorique n'évolue que sur papier ou pellicule, vous n'aurez jamais à vous soucier de barbantes obligations alimentaires. Contentez-vous, pour vous familiariser avec lui, d'observer ses habitudes.

Ce superhéros ajuste son régime alimentaire en fonction des aventures auxquelles il participe malgré lui.

Exemple : James Bond (et ses multiples déclinaisons) déguste sans y prêter attention les mets les plus raffinés, sirotant des cocktails sous les palmiers en compagnie de créatures de rêve. Au cas où votre pensionnaire s'aviserait de se transformer brutalement en Topi-Sim, soyez prête à imiter ces stars glamour à la perfection.

Dans un autre genre, Woody Allen (souvent cité comme fantasme de ces dames) se débat avec des homards très symboliques quand il entreprend une cour maladroite dont il a le secret. Modèle idéal pour citadines névrosées.

Les intrépides chevaliers, eux, ne se nourrissent quasiment jamais, trop occupés qu'ils sont à faire régner la justice en ce monde, ou à cavaler à la poursuite d'un quelconque diamant. Spécimen déconseillé aux citadines névrosées.

Libre à vous de compléter cette liste au gré de votre fantaisie et de succomber aux délices de l'identification...

Reproduction

Le Topi-Sim se reproduit à l'infini sous la plume de romancières, de journalistes ou de scénaristes. Son charme irrésistible varie selon le style du récit. Le gentleman de Barbara Cartland sera d'un raffinement enivrant, le mafieux au grand cœur plutôt brut de décoffrage, l'éternel ado du cinéma français d'une indécision maladive (et assommante), le rude cow-boy assez basique etc.

Les déclinaisons du Topi-Sim sont si nombreuses qu'il nous est impossible de les passer toutes en revue.

La fonction principale du Topi-Sim étant d'illuminer votre quotidien en nourrissant vos rêveries, vous avez toute liberté de projeter sur votre prince les qualités de votre choix. Pratique, certes, mais casse-gueule, puisqu'il est rare que l'énergumène sorte de l'écran pour vous rejoindre dans la salle !

Conseils d'entretien

Tant que vous croirez au Topi-Sim, vous le trimballerez partout avec vous, autrement dit dans votre tête. Confortablement installé sur le trône de vos illusions, bichonné par une attention constante, il présente l'avantage de ne jamais vous abandonner, mais l'inconvénient de brouiller votre jugement et votre vision.

Complaisant, il se laissera moduler selon vos humeurs, la mode ou l'évolution de votre vie sentimentale. Vous venez de renoncer à un moine cistercien ? Vous rêverez de rencontrer un présentateur de *talk-show* au débit crépitant. Votre « baroqueux » vous chauffe les oreilles avec son clavecin ? Vous n'aurez de cesse de le remplacer par un accordéoniste de bal musette, d'une fraîcheur délicieuse. Vous avez capturé un chercheur en grammaire médiévale mais trouvez que le Nobel tarde à récompenser ses (vos) efforts ? Vous fantasmerez illico sur un fringant aventurier.

Le fonctionnement du Topi-Sim, pourtant facile à comprendre, est condensé dans cette formule : « Ailleurs, l'herbe est plus verte. » Voici pourquoi il caracole toujours en tête des sondages féminins : son irréalité lui permet d'endosser tous les accoutrements de votre imagination, sans exception !

Comment s'en débarrasser ?

Il convient tout d'abord de distinguer le Topi-Sim de vos rêves (vous avez placé la barre si haut que vous n'avez aucune chance de le rencontrer) de votre Momo, que vous avez appris à regarder avec les yeux de l'Amour et peu à peu transformé en héros de votre quotidien.

Votre Momo n'est pas top de chez top ? OK... mais franchement, il en fait des efforts pour vous supporter ! Rien que pour ça, il mérite toute votre reconnaissance. Souvenez-vous du jour où votre cœur d'artichaut a vibré devant ce petit être sans défense. Vous n'allez tout de même pas l'abandonner maintenant, après avoir tant ramé pour le perfectionner !

Le Topi-Sim qui loge dans votre imagination, lui, n'est pas encombrant, sauf s'il vous sert de référence constante, rendant toute « candidature » impossible. Au contraire, il peut vous tenir compagnie quand Momo vous pompe l'air et vous servir de soupape de sécurité : un jour, c'est sûr, vous le trouverez, pardon, il vous trouvera !

Le Topi-Sim en dix points

1. Charmant de chez charmant.
2. Beau comme une image.
3. Sexy à se damner.
4. Trois en un : fort, sensible et fidèle.
5. Un charisme de héros.
6. D'une intelligence éblouissante.
7. Drôle à pleurer.
8. Le cœur sur la main.
9. Une fantaisie de chaque instant.
10. Son leitmotiv : « Astre de mes jours, oiseau de paradis, ma fée, ma princesse, quelle chance j'ai de t'avoir enfin trouvée ! »

Quelques témoignages

Vous ne possédez pas d'animal de compagnie en ce moment ? Vous hésitez encore sur les différents modèles disponibles sur le marché ? Vous voulez vérifier que celui que vous avez choisi est le bon ? Peut-être ces quelques témoignages de femmes d'expérience vous aideront-ils...

Le Mate-Show

Monique, 54 ans, Angoulême

« Grâce au guide de Charlotte Darwin, j'ai enfin compris avec qui je vivais depuis trente-sept ans : un mufle, un affreux macho. Je viens de le confier à ma pire ennemie ! »

Yvette, 38 ans, Le Coin-sur-Isère

« Où dois-je m'adresser pour me procurer un Mate-Show dans ma région ? J'ai actuellement trois Phön (voir chapitre VI) à la maison, mais je ne peux plus les supporter. Leur agitation incessante m'épuise. Merci de votre aide. »

Le Oui-Mais

Agathe, 17 ans, Lille

« Votre description du Oui-Mais correspond tout à fait à mon prof de philo. Sauf que le mien est très drôle et je l'aime passionnément. Du reste, il va bientôt venir s'installer chez maman, qui l'adore ! »

Yvette, 38 ans, Le Coin-sur-Isère

« Dans mon dernier courrier, je vous demandais où trouver un Mate-Show. J'en ai finalement déniché un par petite annonce, mais il s'est installé chez moi avec ses trois précédentes épouses et leurs douze enfants. Ils adorent ma maison et refusent de s'en aller. Que dois-je faire ? »

Le Loo-Sir

Stéphanie, 44 ans, Amiens

« Dix ans de cauchemar ! J'ai enfin réussi à m'en dépêtrer : j'ai pris deux billets pour l'Australie, puis un guide pour nous emmener dans le désert. Là, je l'ai confié à la tenancière d'une buvette et je me suis enfuie ! »

Yvette, 38 ans, Le Coin-sur-Isère

« Je vous trouve injuste avec cet animal, Charlotte ! Doux, calme et casanier, mon Loo-Sir me ravit. Comme il est totalement dépourvu d'initiative, je peux l'emmener où bon me semble, imposer tous mes caprices, le gronder tant que je veux. Je me sens forte, adorée, toute-puissante ! »

Caroline, 25 ans, Bougival

« Le Loo-Sir que j'ai rencontré récemment était en si piteux état que j'ai d'abord dû le “réparer”. Les femmes sont vraiment cruelles ! Son ancienne maîtresse l'avait abandonné dans le désert australien où je l'ai trouvé. Il a beaucoup de défauts mais il fait des efforts et je trouve que vous manquez d'humanité. »

Le Poustoy-Dlaa

Isabelle, 22 ans, Paris

« N'importe quoi ! Depuis que j'ai rencontré un Poustoy-Dlaa, ma vie ressemble à un conte de fées ! Comme dans *Pretty Woman* : il m'a tout appris, comment m'habiller, parler, bouger, penser. Je suis sa petite princesse, c'est le pied ! »

Yvette, 38 ans, Le Coin-sur-Isère

« Qu'est-ce que c'est que ce modèle infernal ? Ici, au Coin, je n'en ai jamais vu et heureusement pour moi ! Je manque peut-être de jugeote, mais jamais je ne serais tombée dans un panneau pareil ! Être l'esclave de mon animal de compagnie, et puis quoi encore ? »

Dominique, 42 ans, Paris

« Pauvre Isabelle ! Elle se berce d'illusions et ne perd rien pour attendre ! Je parle en connaissance de cause : son Poustoy-Dlaa, c'était le mien pendant douze ans. J'aurais dû me méfier quand je l'ai engagée comme fille au pair. Mais je m'en fiche ! Avec la pension alimentaire que je lui ai collée, ils ne vont pas rigoler tous les jours ! »

Le Kooh-i-Neur

Yvette, 38 ans, Le Coin-sur-Isère

« Quelle imbécile je suis ! En adoptant un Kooh-I-Neur, je pensais m'élever au-dessus du quotidien et des considérations matérielles. Sauf que j'avais mal fait mon choix : le mien chantait des ballades celtiques devant Beaubourg. Comme ça ne rapportait pas des masses, il s'est fait la malle avec tous mes bijoux ! Alors, les artistes, merci, j'en ai soupé ! »

Marie-Louise, 49 ans, Strasbourg

« Mon mari, un authentique (et fameux) Kooh-I-Neur, m'enchante. Sa curiosité insatiable m'enrichit au quotidien. Personne n'a autant de fantaisie, de joie de vivre, d'énergie que lui ! Nous travaillons ensemble et partageons notre passion depuis bientôt trente ans. Mon secret ? Je gère si bien sa carrière et son harem qu'il ne saurait se passer de moi ! »

Amélie, 27 ans, Marseille

« Salut à toutes ! Si vous aimez ce modèle, un conseil : le Kooh-I-Neur, il faut l'adopter à temps partiel, surtout pas à plein temps ! Et laisser toute la partie entretien domestique à une autre. Que les bons moments, pas d'emmerdes, pas d'engagement. Et alors là, je te dis pas le kif, c'est d'enfer ! »

Le Phön

Bruno, 30 ans, Toulouse

« Salut Charlotte. Pour illustrer ce chapitre, je peux t'envoyer des photos de ma dernière *bomba latina*. Celle où je suis en robe panthère avec les chaussures compensées roses à paillettes, et celle de Jean-René en lamé argent avec la perruque choucroute rouge. Ça te dit ? »

Yvette, 38 ans, Le Coin-sur-Isère

« Je connais, j'en avais trois à la maison, merci bien ! Ils sont sympas, d'accord, mais quelle hystérie ! Non, même si je suis encore jeune, ce n'est plus de mon âge. Je devrais peut-être essayer le Bonboughr, mais j'ai peur de m'ennuyer... »

Anne-Cécile, 21 ans, Versailles

« Permettez-moi de vous dire que vous allez sans doute trop au cinéma. Comment osez-vous affirmer que ce genre d'individu existe réellement ? C'est scandaleux. Du reste, mon père et mon frère, Jean-René, sont tout à fait d'accord avec moi. »

Le Moâ-Jeuh

Yvette, 38 ans, Le Coin-sur-Isère

« Je viens de revendre un Bonboughr, parce que je m'ennuyais à mourir avec lui. Le Moâ-Jeuh a l'air d'être original, au moins ! Quitte à se coltiner un animal de compagnie, autant rigoler ! Je fonce en chercher un ! »

Priscilla, 32 ans, Lourdes

« Si vous parlez ainsi du Moâ-Jeuh, c'est sûrement parce que vous ne savez pas ce que signifie le mot "amour" ! La tristesse de cet animal blessé est poignante et j'ai décidé de me consacrer à son salut. Je souffre de sa sournoiserie, mais mon dévouement sera récompensé ! »

Caroline, 36 ans, Moulins

« En lisant le portrait du Moâ-Jeuh, j'ai eu comme une illumination ! Tout ce qui me paraissait incompréhensible s'est éclairé d'un seul coup. Depuis que je l'ai abandonné, c'est moi qui fais des progrès tous les jours ! »

L'Exotic

Vanessa, 29 ans, Tombouctou

« J'avais essayé d'acclimater mon Exotic dans l'Hexagone, mais ça n'a pas marché : il est reparti chez lui. Je suis très heureuse ici, on forme une grande famille, je suis la cinquième favorite et tout le monde s'entend très bien. Revenir dans vos contrées ? Jamais ! »

Yvette, 38 ans, Le Coin-sur-Isère

« Bon, alors, en ce qui concerne le Moâ-Jeuh, j'aurais mieux fait d'écouter vos conseils. J'ai failli devenir zinzin ! Par contre, je me suis déjà inscrite à un voyage de "solos" pour une traversée du désert. Je sens que je vais avoir une révélation ! Je vous tiens au courant. »

Fabienne, 40 ans, Lyon

« Après avoir fait trois fois le tour du monde, au désespoir de trouver l'âme sœur, vous ne devinerez jamais où j'ai rencontré mon Exotic ! C'était mon voisin de palier, mais je ne lui avais jamais adressé la parole ! Je le trouvais trop "roots". Normal : il vient du même village breton que moi ! Hallucinant, non ? »

Le Bonboughr

Marie-Laure, 26 ans, Paris

« Je n'aimais que les play-boys arrogants et hypermachos. Quand j'ai rencontré Robert, que j'avais surnommé "Patapouf", je n'aurais jamais imaginé que c'était l'homme de ma vie ! »

Céline, 28 ans, Bordeaux

« Je ne suis pas chef de gare mais j'ai organisé ma vie exactement comme vous dites. J'ai trouvé Jean-Marie à 21 ans, on a trois enfants et une vie normale. Mais l'autre jour, je me demandais ce que je pouvais encore désirer et je n'ai pas trouvé la réponse. Parfois, ça m'angoisse. »

Yvette, 38 ans, Le Coin-sur-Isère

« Ah, non merci ! Je préfère encore me remettre au tricot, à la gym ou même à mes soirées entre célibataires, c'est vous dire ! »

Le Topi-Sim

Yvette, 38 ans, Le Coin-sur-Isère

« J'espère que vous plaisantez. Sinon, quelle déception ! Mais je refuse de croire qu'il n'existe pas, je poursuis mes recherches… »

Elsa, 16 ans, Avignon

« Ah, ça me fait trop rigoler de voir des vieilles de 25 ans qui y croient encore ! Moi et mes copines, comme on est cent mille fois plus évoluées que nos mères au même âge, on est superpotes avec nos jules, y a zéro problème, la guerre des sexes et tout ce bazar, on n'y croit même pas ! »

Test

Quel animal avez-vous capturé ?

1. SON ALLURE :
A. Il roule des mécaniques
B. Il est haut en couleur
C. Il est terne et ramollo
D. Il est bavard et grisant
E. Il est beau comme un dieu

2. SA CHEMISE :
A. Engagée : froissée, chanvre, col Mao
B. Griffée, avant-garde
C. Mode : fluo et près du corps
D. Confortable : T-shirt coton
E. Passe-partout : c'est lui qu'il faut admirer
F. Vous venez de l'arracher, puis vous la mettrez comme pyjama

3. IL A FLASHÉ SUR :
A. Votre balconnet
B. Votre carte Gold
C. Votre qualité d'écoute
D. Votre parfum grisant
E. Vous, corps et âme

4. SON PETIT NOM :
A. Roberto
B. Jean-Robert
C. Robbie
D. Roro
E. Rrrroooooooooooooooobeeeeeeeert !!!!

5. Son humour :
A. Lourd, graveleux, bourrin
B. Très drôle, sauf quand vous faites l'objet de la blague
C. Subtil mais incompréhensible
D. Décalé ou belge
E. Irrésistible

6. Ses amis :
A. Il a plein d'amis bruyants qui viennent regarder la télé chez vous
B. Il n'a que des copines
C. Il a une tribu d'amis insolites
D. Il n'a que des amis qui réfléchissent et qui créent
E. Ils sont merveilleux, comme lui

7. Pour lui, ses ex sont :
A. Des oies
B. Des poulettes
C. Des vipères
D. Des gazelles
E. Vraiment ses ex

8. Les tâches ménagères :
A. Il ne fait rien, il ne sait pas
B. Il ne fait rien, il n'a pas le temps
C. Il fait un minimum, n'importe comment
D. Il adore faire la vaisselle avec des gants roses
E. Il fait tout et c'est nickel

9. Son travail :
A. Ce n'est pas un travailleur, c'est un *winner*
B. Ce n'est pas un travailleur, c'est un penseur
C. Ce n'est pas un travailleur, c'est un artiste
D. Ce n'est pas un gros travailleur, mais il y va quand même
E. C'est un travailleur, mais vous êtes sa priorité

10. Son alimentation :
A. Cassoulet, petit salé, tartiflette
B. Sushi de sauterelles cacaoté au guacamole et à la tapenade
C. Même un plat de nouilles est pour lui une source d'inspiration
D. Il parle trop pour savoir ce qu'il mange
E. C'est lui qui cuisine, c'est délicieux, ça ne fait pas grossir. Il fait la vaisselle et passe du Décapfour

11. Son carburant :
A. Son litron
B. Son narguilé
C. Sa créativité
D. Ses sous
E. Son ego
F. Son amour pour vous

12. Au lit :
A. Il ronfle
B. Il rêve de vous

13. SES NÉVROSES :
A. Il est amoureux de sa mère
B. Il est amoureux de son porte-monnaie
C. Il est amoureux de son folklore
D. Il est amoureux de lui
E. Il est amoureux de vous

14. UNE ŒUVRE D'ART, POUR LUI :
A. Ça sert à quoi ?
B. Plus c'est kitsch, plus c'est *hype*
C. C'est un investissement
D. C'est compliqué, ça fait trois semaines qu'il disserte, vous n'avez toujours rien compris
E. C'est le totem au milieu du salon
F. C'est vous

15. SES LOISIRS :
A. Suivre les cours de la Bourse
B. Peindre des coquillages
C. Se contempler dans un miroir
D. Faire la sieste
E. Dégommer ses rivaux
F. Vous charmer

16. SES CADEAUX :
A. Un bouquet d'occasion
B. Sa dernière création
C. Un gadget branché
D. Zut ! Encore oublié !
E. Un souvenir de vacances
F. Topissimes !

Bientôt l'heure de vérité : armez-vous de votre crayon de couleur préféré, et coloriez, surlignez, gribouillez, entourez les cases correspondant à vos réponses. Exemple : à la question 1, vous avez répondu A, vous obtenez donc un ■ et un ▲, à comptabiliser ensuite page 151.

Questions \ Réponses	A	B	C	D	E	F
1	■ ▲	❖ ✳ ✚	❍ ●	□ ✕	♥	
2	□ ❖ ✚	▲	✳	❍ ●	✕ ■	♥
3	■ ●	❍ ▲	□ ✕	❖ ✳ ✚	♥	
4	■ ✚	▲ □ ✕	❖ ✳	❍ ●	♥	
5	■ ●	✕ ✳ ▲	□ ❖	✚ ❍	♥	
6	❍ ●	■ ▲ ✕	✳ ✚	□ ❖	♥	
7	□ ▲	■ ●	❍ ✕	❖ ✳ ✚	♥	
8	■ ❍ ✕	▲ □ ❖	✚ ●	✳	♥	
9	▲ ✕	□ ❍	❖ ✳	■ ✚ ●	♥	
10	■ ❍ ●	▲ ✳ ✚	❖	□ ✕	♥	
11	■ ❍ ●	✚	□ ❖	▲	✳ ✕	♥
12	□ ■ ❍ ▲ ❖ ✳ ✕ ✚ ●	♥				
13	■ ❍ ●	▲	✳ ✚	□ ❖ ✕	♥	
14	■ ●	✳	▲ ✕	□ ❖	✚ ❍	♥
15	▲	❖ ✚	✳ ✕	❍ ●	□ ■	♥
16	❍	□ ❖	▲ ✳	■ ✕	✚ ●	♥

C'est le moment de faire vos comptes : reportez ci-dessous le nombre de symboles obtenus dans le tableau précédent et faites le total.

■	**total :**
□	**total :**
❍	**total :**
▲	**total :**
❖	**total :**
✳	**total :**
✕	**total :**
✚	**total :**
●	**total :**
♥	**total :**

Tournez la page pour connaître le verdict…

Aucune majorité ne se dégage : votre compagnon est un carnaval de personnages à lui seul ! Dans un premier temps, rassurez-vous : tous les hommes de compagnie sont un peu comme ça. Dans un second temps, regardez à nouveau vos réponses : deux ou trois espèces se détachent ? Relisez les chapitres concernés et adaptez votre stratégie à l'animal capturé.

Vous avez une majorité de ■ : vous avez capturé un Mate-Show. Revendez vos bouquins pour investir dans la bonneterie.

Vous avez une majorité de □ : vous avez capturé un Oui-Mais. Développez tout le potentiel inexploité de votre cerveau.

Vous avez une majorité de ○ : vous avez capturé un Loo-Sir. Découvrez en vous des trésors de générosité et de compassion !

Vous avez une majorité de ▲ : vous avez capturé un Poustoy-Dlaa. Affûtez vos armes pour conquérir le monde à ses côtés !

Vous avez une majorité de ❖ : vous avez capturé un Kooh-I-Neur. Embarquez dès maintenant pour l'aéronef de la transcendance !

Vous avez une majorité de ✳ : vous avez capturé un Phön. Travaillez vos zygomatiques et votre sens de l'humour.

Vous avez une majorité de × : vous avez capturé un Moâ-Jeuh. Faites un voyage surprenant à « Zinzinland ».

Vous avez une majorité de ✚ : vous avez capturé un Exotic. Adieu spleen, routine, train-train. Bonjour évasion, dépaysant, renouveau !

Vous avez une majorité de ● : vous avez capturé un Bonboughr. Bonjour routine, train-train, spleen. Adieu aventure, imprévu, surprises !

Vous avez une majorité de ♥ : sauf si vous avez triché, vous croyez encore au prince charmant. Relisez attentivement l'introduction du chapitre concerné.

Achevé d'imprimer en avril 2005
sur les presses de France Quercy, 46001 Cahors
Dépôt légal : avril 2005 - N° d'impression : 50887/
Imprimé en France